Ein Tagebuch für vier
Wir sind die besten Freundinnen

Bibliografische Information der Deutschen Nationalbibliothek
Die Deutsche Nationalbibliothek verzeichnet diese Publikation in der
Deutschen Nationalbibliografie; detaillierte bibliografische Daten sind
im Internet über http://dnb.d-nb.de abrufbar.

Text: Vikki VanSickle
Übersetzung: Christine Spindler
Cover: Laura Rosendorfer
Innenillustrationen: Holly Allerellie und ©Shutterstock.com/AllNikArt, Maji Design,
balabolka, cddesign.co, nubenamo, Nikolaeva, blue67design, sommthink, halimqd,
Erica Truex, Mika Besfamilnaya, jvillustrations, Arthur Balitskii, primiaou, notkoo

Wir behalten uns die Nutzung unserer Inhalte für Text und Data Mining
im Sinne von § 44b UrhG ausdrücklich vor.

ISBN 978-3-8458-5728-2

www.arsedition.de

Vikki VanSickle

EiN TAGEBUCH für VIER

wir SiND die BESTEN FREUNDiNNEN

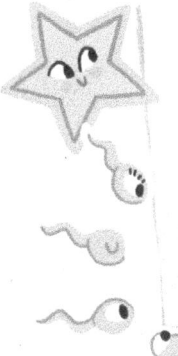

Aus dem Englischen von Christine Spindler

arsEdition

Für alle, die schon mal eine dringende
Frage auf dem Herzen hatten
und nicht wussten, an wen sie sich
damit wenden sollten.

DIESES BUCH GEHÖRT

♡Sunny

(MP)

xxTwix

*HOOPS

PFOTEN WEG!

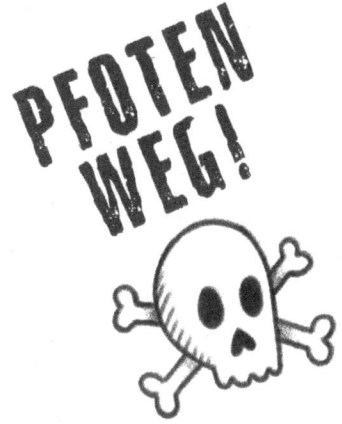

14. September

ICH HASSE MR M! Darf er uns einfach die Handys wegnehmen? Ist das nicht verboten? Oder ein Verstoß gegen irgendwelche Persönlichkeitsrechte? MP, du bist doch das große Genie. Ist das überhaupt erlaubt?

Seine Aktion geht jedenfalls nach hinten los! Ich habe zu Hause dieses alte Tagebuch entdeckt und es mit in die Schule gebracht, damit wir uns gegenseitig schreiben können. Wir reichen es hin und her, das sieht dann so aus, als würden wir mitarbeiten. Ist das nicht eine coole Idee? Ich bin bestimmt das klügste Mädchen der Klasse. 😊

♡Sunny

PS: Nicht weitersagen! Und verwendet keine echten Namen!

Ich glaube, wir wissen alle, wer das klügste Mädchen der Klasse ist (DU BIST GEMEINT, MP). Aber selbst ich muss gestehen, dass dein Einfall genial ist, Sunny! Ich liebe Tagebücher. Damit sind wir richtig old school, genau wie Anne Frank. Eines Tages wird jemand dieses Relikt entdecken und staunen, was für kluge junge Menschen wir waren. 😜

XXTwix

OMG, DU KANNST UNS DOCH NICHT MIT ANNE FRANK VERGLEICHEN!!! Schon mal was von Respekt gehört? Ich kann nicht fassen, dass du das gesagt hast. Falls jemand das hier liest, möchte ich zu Protokoll geben, dass ich nicht glaube, mich IN IRGENDEINER HINSICHT mit Anne Frank vergleichen zu können, die eine Heldin war und einem entsetzlichen KRIEGSVERBRECHEN zum Opfer fiel. Ich bin nur ein stinknormales Mädchen, das Musik mag und Sloppy Jo – DER BESTE HUND DER WELT – und das noch nie einen Kuss bekommen hat und womöglich nie einen bekommen wird. Aber trotzdem weiß ich, wie glücklich ich mich schätzen kann, jetzt zu leben und nicht im Zweiten Weltkrieg, und dafür bin ich jeden Tag aufs Neue dankbar. PEACE!

♡Sunny

Du sollst mich in Erdkunde doch nicht zum Lachen
bringen, sonst bemerkt uns Mr M noch. Felsforma-
tionen sind schließlich nicht lustig. Und über Anne
Frank macht man auch keine Witze, aber das
weißt du bestimmt, Twix. Ich schwöre, irgendwann erzählst du jemandem, der humorlos ist,
einen unpassenden Witz und landest im Sekretariat
bei Smelly Melly. Ihr Parfüm riecht so aufdringlich,
dass ich einen Hustenanfall bekommen habe, als ich
heute Morgen die Anwesenheitsliste abgegeben habe.
Vielleicht sollte man sie mal höflich daran erinnern,
dass das Parfüm-Verbot an dieser Schule auch für
alle Angestellten gilt, einschließlich der Sekretärinnen.

Ich glaube nicht, dass es GENERELL verboten ist,
unsere Handys zu konfiszieren. Es scheint mir eine
persönliche Regel von Mr M zu sein, die nicht auf der
Hausordnung beruht, darum könntest du sie wahrscheinlich anfechten.

Wenn wir tatsächlich gemeinsam Tagebuch führen
wollen, dann darf es niemand entdecken. Ich meine es
ernst. Auch wenn wir nicht unsere richtigen Namen
verwenden, könnte man uns identifizieren, entweder
mittels einer Handschriftenanalyse oder aufgrund
der Personen und Situationen, über die wir schreiben.
Wenn das jemand spitzkriegt, wird die Schule meine
Eltern informieren, und dann bekomme ich Hausar-

rest bis an mein Lebensende. Ihr würdet mich nie wiedersehen und müsstet damit leben, dass ihr gewissermaßen das Todesurteil für mein Sozialleben unterschrieben habt.

(MP)

15. September

Entspann dich, MP! Wir sind schlau. Dein makelloser Ruf wird keinen Schaden nehmen, und deine Eltern werden nie erfahren, dass du im Unterricht heimlich mit uns schreibst, so wie sie keine Ahnung haben, dass du während der Mittagspause Songs anhörst, in denen geflucht wird.

Wir verwenden nur Decknamen. Ich glaube, wir brauchen auch für das Tagebuch einen Decknamen, falls wir uns in Gegenwart anderer darüber unterhalten. Hier sind ein paar Vorschläge. Stimmt darüber ab, indem ihr euren Favoriten abhakt. Ich stimme für TampON, aber lasst euch davon nicht beeinflussen.

XxTwiX

BITTE ABSTIMMEN. ♡♡♡♡♡

- Die Bibel ← Vielleicht zu ketzerisch?
  ↖ Auf jeden Fall!

- DDMDGE
  (kurz für: Das Ding mit den geheimen Einträgen)
  Umständlicher ging's wohl nicht!

- Gruppentagebuch ✓

- Tagebuch mit persön-lichen Original-Notizen ✓✓ ✓✓
  (kurz: TampON)

  ⟩ Der Hammer!

Wisst ihr was, TampON ist ideal. Wenn jemand uns darüber reden hört, wird er nicht nach-fragen, weil das peinlich wäre.
Stellt euch vor:

"Wer hat den TampON?" O. K., igitt!!!!!

"MP, kannst du Sunny den TampON überlassen, wenn du ihn nicht mehr brauchst?"

Ich stimme für TampON.

*HOOPS

PS: Es ist einfach PERFEKT!

OMG, das ist ja eklig! Hihi. Ich liebe es.
DU IST GENIAL! Eklig, aber genial. YAY!
TAMPON! Es macht Spaß, ein Geheimprojekt
zu haben. Das ist tausendmal besser als
dieser blöde Aufsatz über ein persönliches
Ziel, den wir morgen abgeben müssen. Ich
habe keine Ahnung, was ich schreiben soll. Sollte
ein persönliches Ziel nicht genau das sein?
Persönlich? Also reine PRIVATSACHE? Wie
schrecklich, dass wir den Aufsatz von Mr M
UND von unseren Eltern unterschreiben lassen
müssen.

Was passiert, wenn man sein Ziel nicht erreicht?
Dann fühlt man sich natürlich wie ein Loser.
Mr M kann uns dafür aber nicht durchfallen
lassen, oder? Was habt ihr für Ziele?

♡S

ER KANN UNS UNMÖGLICH durchfallen
lassen. Es ist nur eine Übung für unser
persönliches Wachstum, und da gibt es
kein Richtig oder Falsch. Nimm dir am
besten etwas Leichtes vor. Mein Ziel lau-
tet: „Mehr lesen." Daran gibt es nichts
auszusetzen. Lesen ist wichtig. Und ich

muss nicht verraten, was ich lesen will.
Das ist einer der wenigen Vorteile daran,
dass Moms Freund #3 mit seinen Töch-
tern im Sommer bei uns eingezogen ist:
Ich habe jetzt eine RIESIGE Auswahl an
Klamotten und Büchern.

XXT

Du musst vermutlich ein bisschen mehr schreiben als
nur „Mehr lesen", Twix. Wir sind schließlich nicht mehr
in der sechsten Klasse. Mr M ist ziemlich streng.
Außerdem: Was, wenn er will, dass du eine Liste
führst, was und wie viel du liest? Wobei ich es total
witzig finde, mir vorzustellen, wie er die Titel im
Internet recherchiert und herausfindet, dass es sich
um lauter heiße Teenie-Romanzen handelt.

Sunny, an deiner Stelle würde ich mir nicht so viele
Gedanken über dein Ziel machen. Sieh es einfach als
Chance, etwas zu tun, was du immer schon mal
ausprobieren wolltest. Wo wir gerade davon sprechen,
ich werde mich als Klassensprecherin bewerben.
Ich wollte schon lange bei der Schülermitverwaltung
(SMV) mitmachen, auch wenn es mir echt
Bauchschmerzen macht, gegen Cheryl
Blossom anzutreten. Und der Gedanke, vor der

ganzen Klasse eine Rede zu halten, ist sogar noch schlimmer. Was meint ihr, habe ich eine Chance? Seid ehrlich!

(MP)

PS: Bitte niemandem weitersagen, es ist noch ein Geheimnis!

OMG!

MP, das ist GROSSARTIG. Du bist wie dafür geschaffen. Außerdem musst du deine Rede nur vor unserer kleinen Klasse halten, nicht vor der ganzen Schule. Das ist wie ein Referat, aber über etwas, das dir wirklich wichtig ist.

YEAH!

Mein Ziel ist es, in die Basketballmannschaft für Mädchen aufgenommen zu werden. Ich habe den ganzen Sommer trainiert und war sogar in einem Basketball-Camp. Ich habe mich unheimlich gesteigert. Insgeheim träume ich davon, bei der Bezirksmeisterschaft teilzunehmen und den entscheidenden Korb zu machen. Aber das ist wohl eher ein Wunschtraum. Gibt es eigentlich einen Unterschied zwischen einem Ziel und einem Traum?

*HOOPS

Ja. Träume sind schön und interessant und Ziele sind LANGWEILIG UND WERDEN EINEM VOM LEHRER AUFGEZWUNGEN. Warum schreibst du nicht: „Die Bezirksmeisterschaft gewinnen"?

Ich finde, das ist ein tolles Ziel. Mann! Ihr habt alle so tolle Ziele. Übrigens, Twix, ich möchte UNBEDINGT die sexy Bücher deiner Schwestern lesen. Ich finde es toll, dass du jetzt zwei coole ältere Schwestern hast. Du kannst SOOO viel von ihnen lernen (und dann musst du es in den TamPON schreiben, sodass wir alle von ihrer High-School-Weisheit profitieren!).

Ich glaube, ich schreibe: „In Mathe nicht durchfallen." Aber wisst ihr, was mein echtes, supergeheimes Ziel ist? Ich möchte dieses Jahr einen Kuss bekommen. Natürlich kann ich das nicht in den Aufsatz schreiben. Ich komme mir sogar blöd dabei vor, es hier zu-zugeben.

Küss mich!

♡S

PS: NICHT WEITERSAGEN! Im Ernst, wenn sich das herumspricht, STERBE ich.

Ein echt VERNÜNFTIGES Ziel, das meine volle Unterstützung hat.  Mein geheimes Ziel ist es, noch MEHR Leute zu küssen. Vielleicht schreibe ich das in den Aufsatz, nur um Mr Ms Gesicht zu sehen.

Meine beiden „Schwestern" sind ganz in Ordnung. Zuerst hat es sich seltsam angefühlt, sie im Haus zu haben. Sie waren wie lästige Untermieter, die den Kühlschrank mit seltsamen Dingen voll-stopfen und überall Haare und Schuhe verteilen, aber jetzt sind sie einfach Mit-bewohnerinnen. Sie sind gar nicht so viel zu Hause. Die ältere ist eher eine Zweit-mutter als eine Schwester. Sie ist in ihrem letzten Schuljahr und wird danach vermutlich ausziehen. ZUM GLÜCK! Sie hat gar nicht SO VIEL mehr Lebenserfahrung als ich, aber trotzdem spielt sie sich die ganze Zeit fürchterlich auf. Die lustige Schwester ist nur zwei Jahre älter als ich. Sie hat den größten Teil des Sommers mit ihrer neuen Freundin verbracht, darum habe ich sie

kaum gesehen. Doch dann haben die
zwei sich getrennt, und jetzt hockt sie
viel zu Hause und ist deprimiert.

XXT

16. September

Ich hätte so gern ältere Schwestern oder
Stiefschwestern oder Mitbewohnerinnen – oder
wie immer man sie auch nennen will. Ich würde
jederzeit meinen kleinen Bruder gegen sie ein-
tauschen. Er spielt sich fürchterlich auf und
meine Eltern kümmert es nicht – schlimmer noch,
sie finden ihn NIEDLICH! Heute früh hat er
mich Rudolph genannt, weil ich auf der Nasenspitze diesen riesigen Pickel habe. Und meine
Eltern haben gelacht, als hätte er einen
GENIALEN Witz gemacht. Merken sie denn
gar nicht, was für eine entsetzliche Nervensäge
er ist? MP, du kennst ihn, du findest doch auch,
dass sein Verhalten eine Zumutung ist, oder?

♡S

PS: Mal ehrlich, sieht man den Pickel sehr? Ich
spüre ihn schon länger unter der Haut. Er hat
gelauert und dabei GEPOCHT wie ein riesi-
ger, fieser Zombie-Pickel!

Ich weiß nicht, wie ich es dir schonend beibringen soll, Sunny, aber dein Bruder ist völlig durchschnittlich nervig, so weit ich es beurteilen kann. Das legt sich, wenn er älter wird. Seit mein Bruder in der High School ist, hat er so viel zu tun und fühlt sich so cool, dass er mich meistens ignoriert. Aber immerhin rülpst er mir nicht mehr ins Gesicht wie früher. Als Schwestern müssen wir wissen, welches Verhalten wir akzeptieren und welches wir auf keinen Fall tolerieren. Niemand hat gesagt, dass das einfach ist, aber es heißt ja, dass große Macht immer auch große Verantwortung mit sich bringt.

(MP)

PS: Der Rudolph-Vergleich war völlig unangebracht. Dein sogenannter Zombie-Pickel ist kaum zu sehen, und das sage ich nicht nur, um dich zu beruhigen. Die Fotos fürs Jahrbuch, die heute gemacht werden, sind keine Nahaufnahmen, und ich glaube, die legen da sowieso irgendeinen Filter drüber.

Manchmal stelle ich mir vor, wie mein Leben mit einem Bruder oder einer Schwester aussehen würde, aber um ehrlich zu sein, gefällt es mir, dass ich mit meiner Mom allein bin. Falls ihr mal eine Pause braucht, dann seid ihr bei mir jederzeit willkommen. Bei uns geht es ziemlich ruhig und gemütlich zu, wenn man davon absieht, dass meine Mom alles immer ganz genau wissen will. Aber sie ist viel bei der Arbeit, darum ist das auszuhalten.

*H

PS: Falls es dich beruhigt, ich kann den Zombie-Pickel von meinem Platz aus nicht sehen, also ist er wahrscheinlich total durchschnittlich groß. Niemand wird ihn bemerken.

Danke, meine Liebe!

Das sagst du nur, weil du meine Freundin bist. Das ist lieb, aber nicht hilfreich. Ich weiß, wie er aussieht. Es ist, als hätte mir jemand einen hässlichen Tomatensamen auf die Nasenspitze geklebt, auf den ich allergisch reagiere. Und weil heute die Fotos gemacht werden, bleibt der Pickel für die Nachwelt erhalten. Keine niedlichen #ThrowbackThursday-Fotos für mich.

Und dann ist da noch dieser Junge. Er hat vor meinem Klavierunterricht seine Geigenstunde, und er ist SO süß und SO musikalisch, aber er nimmt mich kaum wahr.

Das ist jeden Dienstag echte Folter!
Und ausgerechnet heute schaut er mir
ins Gesicht und was sieht er? Den Zombie-
Pickel! 😖

Ich kapiere es nicht. Ich benutze Ge-
sichtswasser und Tagescreme und alles,
was man sonst noch so verwenden soll, und
habe trotzdem die schlechteste Haut von
allen in der Klasse.

ZOMBIE-PICKEL
zerstört
dein
Leben!

UND DEINE
FOTOS!

Vielleicht sollte ich nicht zum Fototermin
gehen. Es gibt bestimmt einen Nachhol-
termin, oder?

♡S

Ja, aber dann riskierst du, dass du noch
schlechtere Haut hast. Wenn das Foto
heute nicht gut aussieht, dann kannst
du es immer noch nachholen. So würde
ich es machen. Und auf einer Skala von
1 bis 10 ist dein Pickel höchstens eine 6.

XXT

PS: Warum erfahren wir erst jetzt, dass
es einen Geigenjungen gibt? ERZÄHL!

Okay. Das klingt machbar. Was bleibt mir anderes übrig? Man sollte die Hersteller dieser ganzen Gesichtsseifen und Akne-Cremes wegen irreführender Werbung verklagen, echt hey. Ich weiß nicht, was ich über den Geigenjungen erzählen soll. Ich kenne ihn doch kaum. Vielleicht bekomme ich ja von ihm meinen ersten Kuss? Doch dafür sollte ich vielleicht erst mal mit ihm reden ... 😵

Meine Mom sagt, dass Akne hormonell bedingt ist und dass man wenig dagegen tun kann. Schau dich um, alle haben irgendwelche Hautprobleme und bei einigen ist es viel schlimmer als bei dir. Ich habe auf der Stirn immer wieder diese Flecken, die wie ein Ausschlag aussehen. Du machst dir zu viele Sorgen, Sunny!

*H

Dann sollten die nicht auf die Verpackung schreiben, dass sie das Problem lösen können. Warte mal ... sprichst du von den Menstruationshormonen? Ist fettige Haut der Preis, den ich zahle, damit ich endlich meine Monatsblutung bekomme? BITTE SAG, DASS ES SO IST!

♡S

17. September

Ich glaube nicht, dass die Menstruationshormone heißen, aber ja ... wo wir gerade beim Thema sind: Seid ihr bereit für die erste Sexualkundestunde heute? Mrs A, unsere Trainerin, hat bei den Basketballtestspielen vor ein paar Tagen erwähnt, dass sie uns bald in SK unterrichten wird. Einige der Achtklässlerinnen haben dann von einem uralten Video erzählt, das totpeinlich war. Eine von ihnen hat geschworen, dass ihre ältere Schwester es in der siebten Klasse auch schon anschauen musste, und das war vor zehn Jahren! Ich wette eine ganze Tüte Weingummis, dass wir dasselbe Video gezeigt bekommen.

Ich bin nicht dabei. Meine Eltern haben mir eine Entschuldigung für Sexualkunde geschrieben. Ich schätze, ihr Tamponistas werdet mir das mit den Bienen und Blumen erklären müssen – ich grusle mich jetzt schon.

Warte mal, was?! Wenn meine Mom mir eine Entschuldigung schreibt, kann ich dann vom Geschichtsunterricht befreit werden? Da erzählt man uns sowieso nur lauter Lügen über alte weiße Männer. Jetzt mal im Ernst, geht das? Das ist verrückt! Bist du deswegen sauer? Ich wäre sauer.

Ich flieg auf dich?

PS: Wieso heißt es eigentlich „Bienen und Blumen"?

Ich hatte schon damit gerechnet. Mein Bruder durfte auch nicht an SK teilnehmen, weil meine Eltern finden, dass man das nicht in der Schule lernen sollte. Ich bin nicht direkt sauer. Ich wünschte nur, sie würden einsehen, dass es ein Unterrichtsfach ist wie jedes andere auch. Nur weil ich den Sexualkundeunterricht besuche, bedeutet das ja nicht, dass sich meine Werte ändern oder dass ich losstürme und mich dem nächstbesten Jungen an den Hals werfe! Aber meine Eltern haben andere Ansichten, und wenn sie etwas entschieden haben, dulden sie keinen Widerspruch.

In erster Linie ist es mir ein wenig peinlich. Was, wenn ich die Einzige aus unserer Klasse bin, die fehlt? Ich weiß, dass alle mich sowieso schon für den langweiligen Lehrerliebling halten. Mich stört das nicht besonders, aber ich möchte zumindest ernst genommen werden. Besonders, wenn ich als Klassensprecherin in der SMV unsere Klasse vertrete.

Du wirst uns fehlen, MP, aber mach dir keine
Gedanken. Wir werden hier im TampON die HIGH-
LIGHTS festhalten, dann ist es so, als wärst du
dabei, während dir erspart bleibt mitanzuhören,
wie Mrs A Dinge wie „ejakulieren" sagt.

Jetzt muss
ich daran
denken.
TAUSEND
DANK,
HOOPS!!!!
xo S

PS: Ich habe über die Sache mit den Bienen und
Blumen nie nachgedacht, aber das ergibt wirklich
keinen Sinn. Wie sollte das überhaupt funktionieren, so rein technisch?

Jetzt geht es gleich mit Sexualkunde los. Ich
muss den TampON weglegen, um der Pubertät
meine VOLLE AUFMERKSAMKEIT zu wid-
men. Du wirst uns fehlen, MP!

18. September

MP, du hast nicht viel verpasst, nur einen
langen Vortrag darüber, dass wir respektvoll miteinander umgehen sollen (also, dass

wir uns nicht gegenseitig auslachen sollen),
und einen megalangweiligen Film. Die Schau-
spieler und Schauspielerinnen waren mindestens DREISSIG. Wir konnten gar nicht
mehr aufhören zu lachen. Mrs A war GAR
NICHT GLÜCKLICH (von wegen Respekt
und so). Du hattest völlig recht, Hoops! Ich
schulde dir eine Tüte Weingummis.

PS: Die wirst du doch mit uns teilen, oder?

NA, WAS HABE ICH GESAGT? Ihr schuldet mir
alle eure besten, zuckerreichsten Premium-
snacks. Meine Mom kocht nur noch zucker-
und fettfreie Diätrezepte, die mich wahrscheinlich umbringen werden. Ich habe ja nichts gegen
grüne Weintrauben, aber sie sind nun mal keine
Lachgummis. Aber wenn ich meinen Süßigkeiten-
vorrat in der Schule lagere, bekommt sie nichts
davon mit.

Du hast außerdem das Infoblatt mit den weiblichen Fortpflanzungsorganen verpasst. Hier, ich
zeichne sie für dich auf, MP. Schließlich ist das
Leben erst lebenswert, wenn du weißt, wo sich
deine Zervix befindet.

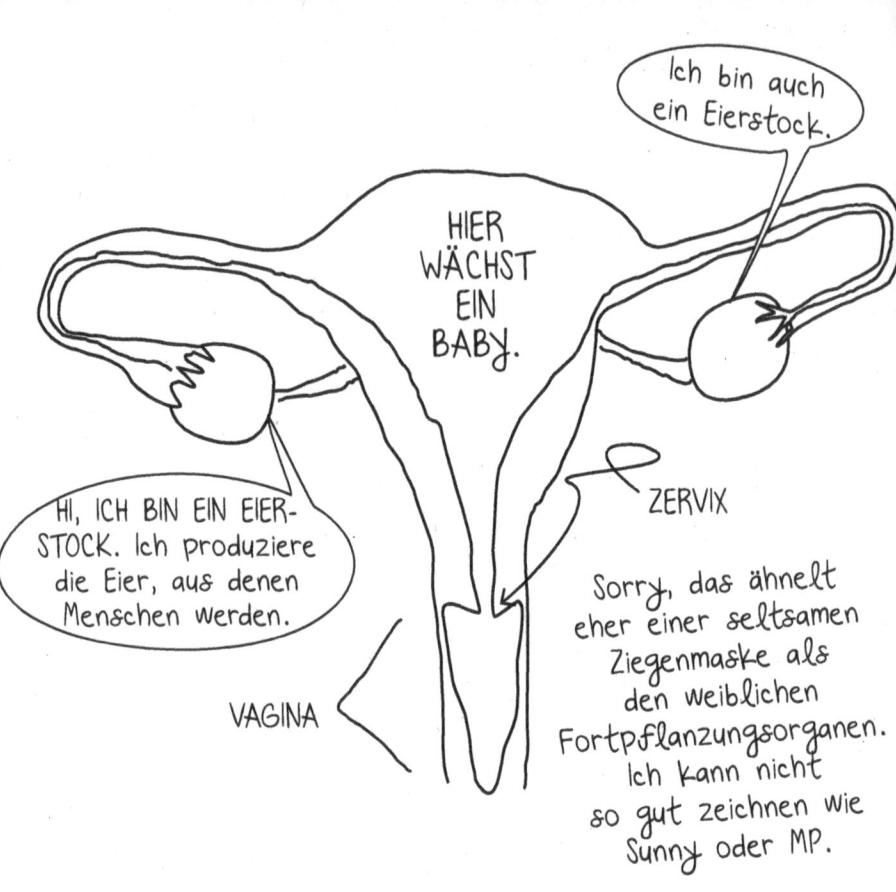

LOL! Ich find's klasse. Nicht schlecht, Hoops!
Bilde ich es mir nur ein oder ist Zervix auch eine
Katzenrasse?

Du meinst den Serval. Zervix-Katzen gibt es nicht,
Sunny.

Danke, Hoops. Die Zeichnung ist dir gelungen und sieht
nur ein klein wenig nach Ziege aus.

Dieser Film ist wirklich URALT. Schulter-
polster und komische Frisuren – alles
erinnert an die 90er-Jahre, aber nicht
an den coolen Teil! Warum ist in SK alles
so alt? Nun ja. Jedenfalls habe ich mir
das Infoblatt durchgelesen und ich
mag das Wort Ovidukt. Ihr dürft mich
gerne seltsam finden, aber ich finde,
es klingt schön.

DAS IST NICHT
DEIN ERNST!!!

HIHIHI! Ovidukt klingt auf jeden Fall besser
als Testikel. Oder Mons Pubis. Was bedeutet
das überhaupt? Ist das Französisch? *Oh, mon
dieu – mon pubis* ... oder so ähnlich. Klingt
komisch ...

Es ist Latein und bedeutet Venushügel. Ich bin nicht
mal in Sexualkunde und weiß das.

Kein Wunder, dass alle immer so seltsam werden, wenn es um Sex geht. Die Bezeichnungen sind doch total Panne. Außer Ovidukt, das Wort für Eileiter. Es ist das schönste Wort der Welt. Ich werde einen Lobgesang auf den Eileiter schreiben.

Ode an den Ovidukt
Ein Gedicht
von Twix

Ovidukt – welch herrliches Ding.

Klingt fast so schön wie Verlobungsring,

Dein BESTES Gedicht bisher.

wie eine Brücke über weites Land.

Ovidukte sind so elegant!

Darin gleitet das Ei wie auf einem Schlitten.

Das ist viel cooler als Po oder Titten!

ICH LACH MICH KRINGELIG!

Jetzt weiß ich Eileiter wirklich zu schätzen! 1 mit Sternchen.

Du solltest deine Ode zum Lyrikwettbe-
werb einreichen oder vielleicht sogar
fürs Jahrbuch. Deine Ode an den Ovidukt
muss verewigt werden. Ach, und noch
was, Mrs A stellt eine Fragenbox ins
Klassenzimmer. Man kann eine Frage auf
einen Zettel schreiben und ihn in die Box
stecken. Sie liest die Fragen dann vor
und beantwortet sie. Die Fragesteller bleiben anonym.

Tja, aber die Box steht für alle sichtbar da,
also bekommt JEDER mit, wenn du einen
Zettel hineinwirfst. Sie steht neben dem Tisch
von Bowtie! Er hat einen Logenplatz mit
direktem Blick auf die Geheimnisse der
Fragenbox. Aber er ist ein Schatz und würde
niemandem etwas verraten. Und er ist SO
süß. Seufz! Ein Jammer, dass er nicht auf
Mädchen steht.

Und was, wenn Mrs A unsere Handschrift
erkennt?

Erst verkleiden,
dann Fragen
einwerfen!

Süße kleine Sunny, hast du etwa eine Frage, auf die du eine Antwort brauchst? Etwas über S-E-X? Da würde ich mir an deiner Stelle keine Gedanken machen - im Sportunterricht kriegen wir ja keine Hausaufgaben. Mrs A hat also keine Ahnung, wie unsere Hand-schriften aussehen. Mr M könnte sie erkennen, aber er ist nicht derjenige, der die Fragen liest. EIN GLÜCK! Allein der Gedanke ...

21. September

Bevor eine von euch etwas dazu sagt: Nein, ich habe diese Frage NICHT in die Box geworfen. Könnten wir das Thema bitte fallen lassen? Gut, danke.

Aber außer dir hat niemand in der Klasse rote Haare ...

PS: MP, damit du weißt, wovon wir reden: Die erste Frage, die Mrs A aus der Box gezogen und vorgelesen hat, lautete:

Wenn man rote Haare hat, bedeutet das dann, dass sämtliche Körperbehaarung ebenfalls rot sein wird?

Meint ihr nicht, dass ich die Antwort darauf längst wüsste? Ich schwöre bei der Juniorenmeisterschaft im Mädchenbasketball, dass ich nicht diejenige bin, die diese Frage in die Box geworfen hat.

**** ENDE UND AUS! ****

Oh nein, Hoops! Ich verstehe, wieso du dich aufregst. Mir würde es genauso gehen. Ich kann nicht fassen, dass Jungs und Mädchen dieses Jahr in SK nicht getrennt unterrichtet werden. Das macht alles noch tausendmal peinlicher. Immerhin bin ich nicht die Einzige, deren Eltern nicht erlauben, dass ihre Kinder über „Bienen und Blumen" aufgeklärt werden. Grubby Thumbs und Mouse waren ebenfalls in der Bibliothek. Mouse hat sich geweigert, irgendwas zu arbeiten, und hat auf dem Handy gedaddelt und Grubby Thumbs hat die ganze Zeit Fingernägel gekaut. Es war ekelhaft. Ich habe mich an einen anderen Tisch gesetzt, aber ich konnte ihn trotzdem knabbern hören. Was meint ihr, wie häufig wird in der Bibliothek gestaubsaugt?

PS: Habt ihr schon herausgefunden, warum es „Bienen und Blumen" heißt?

Ich wünschte, ich könnte dir Gesellschaft leisten, MP! Ich würde lieber ein Jahr lang auf dem schmutzigen Boden der Bibliothek schlafen, auf den zerquetschen Fingernägeln und dem Schuhsohlendreck, als diese grässliche Stunde erlebt zu haben. Alle haben mich angestarrt und gegrinst. Ich war nahe daran, aufzustehen und mitten in der Stunde zu schreien: DIE FRAGE KAM NICHT VON MIR! Vielleicht mache ich das noch. Ich bin übelst sauer auf Mrs A, weil sie die Frage laut vorgelesen hat. Hat sie nicht daran gedacht, dass die anderen jetzt über Körperteile von mir nachdenken, die sie nichts angehen?

Ja, schon gut, du warst es also nicht. Wir glauben dir. Aber, Hoops, wer denkt dann über deine Körperbehaarung nach? Jemand fährt offensichtlich auf dich ab. Die Frage ist: WER????

OMG, ich wette, es ist Swoosh! Erinnerst du dich daran, wie er dich gleich am ersten Schultag gefragt hat, wie dein Sommer war? Du warst die Einzige, die er gefragt hat. Er hat buchstäblich seine Freunde stehen lassen und kam über den Pausenhof gelatscht, nur um MIT DIR zu sprechen. Er muss es sein! Ihr zwei wärt so ein süßes Paar. Die Topsportler der Sunnyside High School – für immer vereint. Stehst du auf ihn?

Swoosh und ich sind nur Freunde. Und für den unwahrscheinlichen Fall, dass er in mich verknallt ist und deswegen diese Frage in die Box geworfen hat: Das wäre eine sehr merkwürdige Art, seine Zuneigung zu zeigen. Swiftie ist sowieso eher sein Typ. Sie ist der Star der Basketballmannschaft. Ich spiele auf Position fünf, das ist auch nicht schlecht. Doch jetzt denkt jeder über die Haare auf meinem Mons Pubis (CRINGE!) nach, und das verdirbt alles. Es ist einfach eine zu große Demütigung.

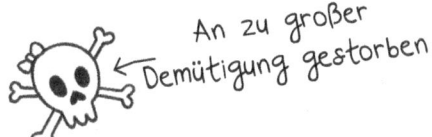

An zu großer Demütigung gestorben

22. September

Hoops, das ist klasse. Es ist noch nicht einmal Oktober und du hast deine Ziele schon fast erreicht! Du bist wirklich eine ausgezeichnete Basketballerin. Auf jeden Fall die beste, die ich kenne. Du bist das einzige Mädchen, das mein Bruder und seine Freunde mitspielen lassen. Außerdem hast du ein geheimes Ziel, auf das du hinarbeitest. Vielleicht wollte es die Vorsehung, dass du auf Position fünf bist, und die magische Kombination aus Swiftie als Point Guard und dir als Innenspielerin wird dem Mädchenteam den Weg zur Bezirksmeisterschaft ebnen.

PS: Als ich in der Bibliothek war, habe ich nachgeforscht, warum man von „Blumen und Bienen" spricht. Es geht einfach um Bestäubung, also nichts Aufregendes. Und mit der menschlichen Sexualität hat es recht wenig zu tun. Man nutzt den Vergleich, um Kinder aufzuklären, ohne allzu sehr ins Detail zu gehen. Lame!

Das ist supernett von dir, MP, aber die größte Spielerin wird für gewöhnlich Innenspielerin, darum weiß ich nicht, ob ich die Position durch meine sportlichen Fähigkeiten ergattert habe oder einfach nur durch die Tatsache, dass ich (lächerlich groß) bin. Körpergröße ist bloß eine Eigenschaft, keine Errungenschaft. Aber vielleicht hast du recht und wir schaffen es bis zur Bezirksmeisterschaft. Und Swiftie ist eine ausgezeichnete Basketballerin und wahrscheinlich meine beste Freundin in der Mannschaft. Ich kann ihr nicht böse sein. Aber es versetzt mir einen kleinen Stich.

He! Rede nicht so von meiner Freundin!!

Du bist eine FANTASTISCHE Basketballspielerin und eine Göttin, Hoops, wie die Frauen, die auf dieser Insel leben, von der Wonder Woman stammt. Und falls Swoosh das nicht sieht, dann ist es sein Problem (wobei ich immer noch denke, dass er auf dich steht). Und mir ist klar, dass du zutiefst gedemütigt worden bist, aber die Frage hat zu etwas Gutem geführt.

PARADISE Island!

Themysciro

O. K., NERD! HDL

Mrs A hat danach über Körperbehaarung und Hygienefragen gesprochen, was sehr nützlich war. Würdet ihr euch da unten rasieren?

WERTVOLLSTE SPIELERIN!

PS: Hoops, ich weiß, dass du nicht mehr über Intimbehaarung sprechen möchtest, darum musst du nicht antworten, wenn du nicht willst. Xoxox

Meinst du, die VAGINA rasieren? Benutz die richtigen Bezeichnungen, Sunny. Wir, die Schwesternschaft der Ziegenmaske, sind junge Frauen, die die Dinge beim Namen nennen!

Ich glaube, du meinst VULVA. Die VAGINA befindet sich IM Körper. Denk an die Ziegenmaske! Nicht jede Frau rasiert sich. Mrs A sagt, dass es kulturelle und religiöse Gründe dafür gibt, sich zu rasieren oder nicht. Denkt ihr, dass Jungs sich die Intimregion rasieren? (Cringe!) Stellen die sich überhaupt diese Frage? Vermutlich nicht. Jungs müssen sich nie mit peinlichen Sachen herumschlagen.

Ups! Vulva! Ich würde nicht alles rasieren, aber auf jeden Fall die Seiten, damit im Schwimmbad nichts rausblitzt. Meine Mom lässt sich die Bikinizone mit Wachs

enthaaren. Angeblich wächst es dann nicht so schnell nach, aber dabei werden die Haare förmlich herausgerissen, und das muss doch HÖLLISCH wehtun. Meine lustige Schwester rasiert sich weder die Achselhöhlen noch die Beine, darum vermute ich, dass auch ihr MONS PUBIS naturbelassen ist. Ich denke, ich liege irgendwo zwischen den beiden.

Man bekommt nie eine Frau mit Haaren da unten zu sehen. Nicht, dass ich eine Expertin wäre, aber in Filmen und auf Modefotos und so haben die Frauen manchmal echt wenig an, und trotzdem blitzt nirgendwo auch nur ein winziges bisschen Intimbehaarung raus. Bäh, ich hasse das Wort „Intimbehaarung". Können wir es anders nennen? Vielleicht Damenhaar?

Intimbehaarung gibt es NICHT nur bei Frauen.

Also gut, aber was, wenn man beschließt, sich die VULVAREGION (zufrieden, Hoops?) zu rasieren und sich dabei versehentlich schneidet? Ich habe mir mal die Beine rasiert – nicht, dass es nötig gewesen wäre, ich wollte es nur ausprobieren.

Intimbehaarung ist wirklich ein GRÄSSLICHES Wort.

Ich habe viel zu fest auf den Rasierer gedrückt und die Haut verletzt. Es hat grässlich wehgetan, und obendrein hatte ich danach einen scheußlichen Rasierausschlag, wie Zombie-Pickel, aber auf den Beinen! Ich musste Strumpfhosen tragen, bis sich meine Haut beruhigt hat. Nicht, dass es überhaupt viel zu rasieren gegeben hätte. Ich kann mir nicht vorstellen, einen Rasierer an noch EMPFINDLICHEREN Stellen zu verwenden.

23. September

Neuer Tag, neues Thema!

Ich möchte darüber reden, dass Swoosh gestern während des ganzen Sportunterrichts Hoops, unsere wunderschöne Basketballgöttin, angestarrt hat. Vielleicht war er gebannt vom Anblick deiner langen Beine in den sexy Shorts.

Hat er dir schon Liebesbriefe zugesteckt? Denn ich glaube, es hat ihn schwer erwischt.

Mir ist es auch aufgefallen. Er ist wirklich süß, Hoops. Und höflich und nett. FALLS du ihn auch magst, würdet ihr ein tolles Paar abgeben. Falls nicht, dann lass dich nicht unter Druck setzen. Nicht jeder fährt auf Romantik ab.

Ich fahre voll drauf ab. Und bei dir wäre das genauso, wenn die Jungs dich so ignorieren würden, wie sie es bei mir tun! Ich glaube, sie bemerken nicht einmal, dass ich ein Mädchen bin. Seufz. Diese Mathestunde nimmt kein Ende. Wann ist Mathe so schwierig geworden? Es gibt nur eine Formel, die mich im Augenblick interessiert:

Viel Spaß damit! Aber mach bloß keine große Sache daraus. In diesem Jahr darf nichts, wirklich absolut nichts die Basketballsaison gefährden. Es ist mein Ziel, weißt du noch? Möchtest du etwa dafür verantwortlich sein, dass ich mein Ziel nicht erreiche?! Bitte lass das Thema erst mal fallen.

ERST MAL? Dann magst du ihn also. Ich wusste es. Soll ich Dimples fragen, ob er auf dich steht?

PS: Ich hasse diese Shorts. Warum gibt es die nur in zwei Längen - Kleinkind und Riese? Und warum sind unsere Schulfarben Schimmelgelb und Rostbraun?

Genau genommen handelt es sich um Senf und Weinrot.

Warte mal, was läuft da wieder mit Dimples? Reden wir von demselben Dimples, der dich letztes Jahr im Kino sitzen gelassen hat und in der Woche drauf mit einem anderen Mädchen dort gesehen wurde? Ich dachte, wir wären uns einig, dass wir ihn für immer hassen. Weißt du noch, wie wir ihn verflucht haben und wie du die Geburtstagskarte verbrannt hast, die du von ihm bekommen hast? DIESER Dimples? Habe ich irgendwas nicht mitbekommen?

OMG, erinnere mich bloß nicht an diesen Abend! Das war SO dramatisch! Wir sind nicht zusammen oder so, aber wir schreiben uns hin und wieder. Und in letzter Zeit hat er alle meine Posts kommentiert. Er hat letztes Jahr einiges durchgemacht und sich wegen der Kino-Sache sogar entschuldigt. Es hat ihm sehr leidgetan. Menschen machen Fehler, wisst ihr. Ich glaube nicht, dass es zwischen uns wirklich komplett aus ist. Da ist immer noch etwas.

 Und bis ein interessanterer Junge auftaucht, ist er eben der, auf den ich jetzt stehe. Man braucht jemanden, an den man den ganzen Tag denken kann. Für wen schwärmt ihr denn so? Da wären Sunny & der Geigenjunge, Hoops und Swoosh (LEUGNEN ZWECKLOS). MP? Gibt es jemanden, der gut genug für unsere zukünftige Klassensprecherin ist? An der Schule gibt es für dich eine große Auswahl an süßen Nerds.

25. September

Ich weiß, ihr denkt, ich hätte total überzogene Anforderungen, aber das stimmt gar nicht. Es gibt einfach niemanden, für den ich schwärme. Und ich glaube nicht, dass man ständig in irgendjemanden verliebt sein muss. Ich jedenfalls nicht. Und überhaupt gibt es SO VIELES, weswegen man sich Sorgen machen muss, da habe ich keine Zeit, an Jungs zu denken.

Im Augenblick kann ich nur an die Rede am Montag denken. Ich möchte wirklich gern Klassensprecherin werden, aber ich hasse öffentliche Auftritte (ihr wisst, warum). Seit ich meine Bewerbung eingereicht habe, träume ich jede Nacht davon, und wenn ich aufwache, habe ich einen Knoten im Magen. Manchmal bekomme ich kaum Luft.

Habt ihr mich gerade gehört, als Mr M mich in Erdkunde aufgerufen hat? Beim Gedanken an die bevorstehende Rede ist mein Stottern noch schlimmer geworden. Als wäre meine komplette Sprachtherapie für die Katz! Ich wollte es euch eigentlich nicht erzählen, aber heute ist Cheryl Blossom bei den Schließfächern an mir vorbeigegangen und hat gesagt: „V-v-viel Glück m-m-morgen." Dabei hat sie gelächelt. Vielleicht bin ich überempfindlich, aber es hat mich echt aufgeregt.

Alle Bewerber und Bewerberinnen haben nur zwei Minuten Redezeit. Was, wenn ich es nicht schaffe, meine komplette Rede in zwei Minuten zu halten? Denkt ihr, Mr M wird mich unterbrechen? Das wäre megapeinlich. Schlimmer noch, als gegen Cheryl Blossom zu verlieren.

PS: NICHT WEITERSAGEN!

DIESES FIESE MISTSTÜCK! ☹

MP, ich weiß, dass du dir wegen deines Stotterns Sorgen machst, aber das kümmert wirklich niemanden. Es bedeutet nicht, dass du nicht schlau bist oder keine Wahnsinnsklassensprecherin sein kannst. Letztlich geht es um die Wahl zwischen dir und Cheryl Blossom (sorry, Bowtie!) und NIEMAND KANN CB WIRKLICH LEIDEN! Du wirst gewinnen, und das weiß sie, darum versucht sie, dich zu verunsichern. LASS DICH NICHT KÖDERN, MP!

Wow, das ist echt niederträchtig, sogar für sie. Ich weiß, wie empfindlich du wegen deines Stotterns bist, aber Twix hat recht, es stört niemanden und Cheryl Blossom fühlt sich von dir offensichtlich bedroht. Die Kids aus unserer Klasse kennen dich seit Jahren und wissen, dass du stotterst. Ich glaube nicht, dass irgendjemand dich deswegen nicht wählen oder sich darüber lustig machen würde - mit Ausnahme von Cheryl. Und die ist, wie wir wissen, eine grässliche, fürchterliche, nichtsnutzige und sehr gemeine Person.

In der Klasse lacht dich niemand aus, oder? Warum sollte es bei deiner Rede anders sein? Außerdem ist deine Rede großartig. Das weiß ich, weil ich dir gestern Abend beim Üben zugehört habe. Im Ernst, sie ist so gut, dass du das Zeug zur Bürgermeisterin oder Weltherrscherin hättest. Du schreibst tolle Reden und wirst auf jeden Fall gewinnen.

DAS IST JA DIE REINSTE MENSCHENRECHTSVERLETZUNG! MP!!!!!! Du bist die netteste und zauberhafteste Person überhaupt und würdest NIEMALS schlecht über jemanden reden, und alle wissen das. Ich gebe mir echt Mühe, so nett zu sein wie du. Cheryl Blossom ist doch nur deswegen beliebt, weil sie hübsch ist und anderen Angst einjagt, aber die Wahl ist anonym, also können alle für die Person abstimmen, die sie wirklich mögen, also für JEMANDEN WIE DICH. Ich bin stinksauer, dass sie dich so angreift.

STIMMT!
↑
Allerdings!

PS: Ich weiß, du willst, dass wir es nicht weitersagen, aber ist das nicht Mobbing? Die Schulleitung erklärt uns ständig, dass so etwas nicht toleriert wird. Und das ist doch ein

klarer Fall, oder? Natürlich brauchst du nichts zu melden, wenn du nicht willst, aber ich finde, du solltest es dir überlegen. Ich glaube übrigens nicht, dass Mr M dich unterbrechen würde, falls du deine Redezeit ein bisschen überziehst. Er ist ein echt netter Lehrer, selbst wenn er aus einem anderen Jahrhundert stammt und so Sachen sagt wie „dieses TikTok".

Danke, Tamponistas. Das bedeutet mir viel.

Ich weiß, dass Cheryl Blossom einfach Cheryl Blossom ist, aber es tut trotzdem weh. Ich wünschte, ich würde mir weniger aus meinem Stottern machen, aber wenn ich nervös bin, wird es schlimmer, und dann fühle ich mich völlig hilflos. Schreiben liegt mir mehr, da fühle ich mich sicherer, und meine Worte können geschmeidig und kraftvoll rüberkommen, während nichts vom Inhalt ablenkt.

Was hat öffentliches Sprechen eigentlich damit zu tun, dass man eine gute Schülervertreterin ist? Warum können wir unsere Reden nicht ausgedruckt verteilen? Dann kann jeder sie selbst durchlesen.

Das ist wirklich eine gute Idee, und wenn du Klassensprecherin wirst – WAS DU SCHAFFST –, dann kannst du das vielleicht ändern. Ich wette, es würden sich mehr Leute bewerben, wenn sie keine Rede halten müssten. DU SCHAFFST DAS! XOXOXOX

  # 28. Sept.

WAHLTAG
DER TAG, AN DEM MP ES ALLEN SO RICHTIG ZEIGT
(BESONDERS CHERYL BLOSSOM)

 # WIR LIEBEN DICH, MP!
DU SCHAFFST DAS!

Du ~~schaffst das~~ LOCKER!

Das unterschreibe ich. Ich reiche den Tampon jetzt an MP weiter, damit sie kurz vor ihrer Wahnsinnsrede unsere aufmunternden Botschaften sieht.

ICH HAB'S GESCHAFFT! ES IST VOLLBRACHT!

Ich kann es kaum fassen, aber ich habe tatsächlich
ein gutes Gefühl. Ich habe es so gemacht, wie du
gesagt hast, Hoops. Ich habe mich auf einen Satz
nach dem anderen konzentriert und mir kleine
Sternchen in den Text gemalt, damit ich weiß, wann ich
aufschauen soll. Dabei habe ich jedes Mal dein lächeln-
des Gesicht gesehen und zwei hochgereckte Daumen
(Sunny, du bist ein Schatz), und das hat geholfen. Ich
danke euch, meine süßen Tamponistas. Ohne eure auf-
bauenden Worte hätte ich es nie geschafft.

MP, DU WARST GROSSARTIG! Du wirst auf jeden
Fall gewinnen. Selbst wenn ich dich nicht kennen
und lieben würde und nur aufgrund der Reden
meine Stimme abgeben müsste, wärst du meine
Favoritin. Hoops hatte völlig recht, das war eine
episch gute Rede! Und bevor du mir wider-
sprichst: Nein, das sage ich nicht nur, weil du
meine Freundin bist.

Ehrlich, MP, ich war so stolz auf dich, dass
ich feuchte Augen bekommen habe, als wäre ich
deine Mom oder so. Du warst wirklich toll
und wirst zur Klassensprecherin gewählt werden,
das weiß ich. xo

Sie hat wirklich ein paar Tränchen ver-
drückt, es war rührend. Du warst der
Hammer. Klare Sache, dass du gewinnen
wirst. Cheryl tat so selbstgefällig, als hätte
sie den Sieg bereits in der Tasche. Außerdem hat sie kaum darüber gesprochen,
was sie erreichen möchte. He, Cheryl Blossom, was hast du in letzter Zeit für MICH
getan? Abgesehen davon, dass du mich
wegen des Overalls runtergeputzt hast,
den ich letzte Woche anhatte. Und der im
übrigen TOTAL cool war. Aber sie weiß, dass
sie so etwas nie tragen könnte.

Ich glaube, ich habe nicht mal viel gestottert. Ein bisschen, aber nicht wirklich schlimm. Ich bin wohl immer
noch ein wenig zittrig, teils von einem Rest an Aufregung,
teils vor Erleichterung. Ich freue mich darauf, dass ich
jetzt etwas Zeit für mich allein (oder weitestgehend
allein) in der Bibliothek habe, um runterzukommen.

PS: Es ist keine echte Freistunde, Twix. Mr M hat mir
eine Hausaufgabe gegeben. Ich muss einen Aufsatz
über eine Entdeckung schreiben, die das Gesundheits-
wesen revolutioniert hat. Meine Recherchen waren bis
jetzt ziemlich verstörend. Wusstet ihr, dass die Seu-
chenschutzbehörde erst in den 1980er-Jahren Richt-

linien für Handhygiene eingeführt hat? Einige haben sich die Hände desinfiziert, aber es war nicht vorgeschrieben. Ich bin sehr, sehr froh, dass wir in diesem Jahrhundert leben!

PS: Mouse knabbert immer noch an den Fingernägeln. Könnte sein, dass das der Anlass für meine Recherchen war.

29. September

In den 1980ern? Wir kennen Menschen, die damals schon gelebt haben! (Gruselig!) Während du Mouse beim Nägelkauen zugesehen hast, haben wir alles über die Monatsblutung gelernt. Wie schön, dass wir zwar getrennt waren, aber trotzdem alle einen EKLIGEN Tag hatten. Die gestrige Frage lautete: Merkt man einer Frau an, ob sie ihre Periode hat?

Um es klarzustellen, vielen Leuten war die Wichtigkeit von Händewaschen bewusst, es wurde nur noch nicht allen so eingebläut wie uns heute. Aber eklig ist es trotzdem. Was hat Mrs A denn gesagt? Was meint ihr, kam die Frage von einem Mädchen oder einem Jungen?

Mrs A hat lauter medizinisches Zeug erklärt. Was während des Ovulationszyklus passiert, warum man Krämpfe und PMS bekommt (DAS IST KEIN MYTHOS!). Es wurde kaum gekichert. Aber ich bin mir sicher, dass die Frage von einem Mädchen stammte. Ich bezweifle, dass Jungs sich für die Periode interessieren. Und falls ja, dann finden sie sie vermutlich einfach nur widerlich. Sie machen sich deswegen nicht ständig Sorgen wie wir Mädchen. Vielleicht bin ich auch die Einzige, die sich deswegen ständig Sorgen macht.

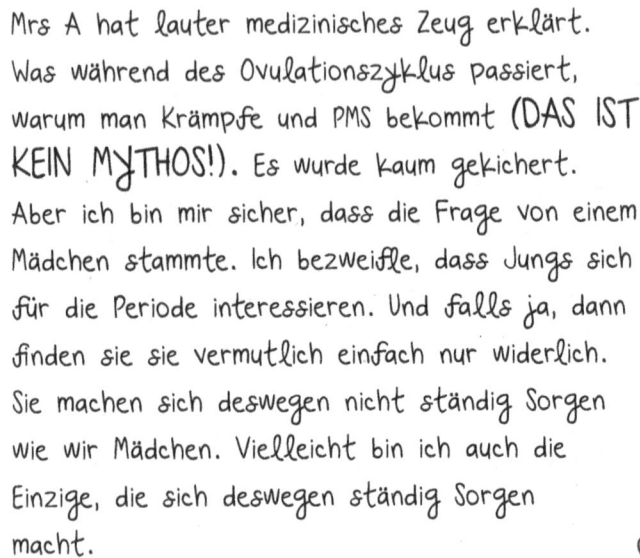

Hihi, da kann ich nur lachen. Jungs sind widerlich. Diese ganze Sache mit den feuchten Träumen? Was ist daran WENIGER eklig als an der Monatsblutung? Ich bin heilfroh, dass ich längst zu Hause ausgezogen bin, wenn mein Monsterbruder alt genug ist für „nächtliche Ejakulationen".

PS: Hoops, du bist damit nicht allein. Ich denke ständig über die Periode nach, aber nicht, weil ich mir Sorgen mache, sondern weil ich ES NICHT ERWARTEN KANN, SIE ZU BEKOMMEN.

Bilde ich es mir ein oder klingt „nächtliche Ejakulation" wie der Titel eines Horrorfilms?

HA, UND OB!

Stimmt!

STIMMT!

Ehrlich gesagt möchte ich mich lieber mit der Periode herumschlagen als mit einem Penis. Immerhin kann man den Zyklus berechnen und weiß, wann die Blutung kommt. Dann kann man meistens diskret damit umgehen. Aber stellt euch vor, man wacht auf und merkt, dass man eine „nächtliche Ejakulation" hatte! Oder man bekommt mitten im Unterricht, während eines Begräbnisses oder an einem anderen unpassenden Ort spontan einen Ständer - oberpeinlich! Jungs haben keine Kontrolle über ihre Erektion.

Würdest du im Unterricht lieber mit einer Erektion oder mit einem Blutfleck erwischt werden?

BLÖDESTE WDL-FRAGE ALLER ZEITEN! Ich verweigere die Auskunft. Nein zu beidem!

Die Würdest-du-lieber-Regeln besagen aber, dass man antworten muss. VERWEIGERN GILT NICHT.

Zählt es überhaupt als WDL, wenn eine der Optionen physiologisch gar nicht möglich ist?

Bei WDL geht es doch ausdrücklich um EXTREME, lächerliche Beispiele ☺. Was sagst du als unsere unbestechliche Schiedsrichterin, MP?

Einspruch abgelehnt! Knifflige Frage, aber ich wähle den Blutfleck. Ich möchte nämlich wirklich mal Kinder haben, und ich liebe die Vorstellung, dass mein Körper das draufhat. Da nehme ich auch die Krämpfe und das Blut und alles in Kauf.

Wenn ich mich ENTSCHEIDEN MUSS, dann fällt meine Wahl auch auf die Periode. Aber damit ihr's wisst, nur wegen der blöden WDL-Regeln (ich hasse dieses Spiel). Auch wenn es manchmal Mist ist, ein Mädchen zu sein, finde ich es meistens gut. Außerdem weiß ich nicht, was ich mit einem

Penis anfangen soll. Das ist jetzt peinlich, aber ich habe mich immer gefragt, wie Jungs Fahrrad fahren. Ist der Penis da nicht im Weg?

Holprige Straße?

PS: NIEMALS WEITERSAGEN!

LOL! Ich habe noch nie darüber nachgedacht, wie Jungs Fahrrad fahren. Vielleicht hat es damit zu tun, wo sich der Penis befindet? Auf dem Schaubild, das wir bekommen haben, liegt er höher, als ich dachte, und auf dem Fahrrad sitzt man ja vor allem auf dem Hintern. Dann dürfte der Penis nicht im Weg sein, oder?

Auch wenn Fahrradfahren ein Problem wäre, würde ich die Erektion dem Blutfleck vorziehen. Eine Erektion kann man viel leichter verstecken. Und sie geht wieder weg, ohne die Kleidung zu ruinieren. Wenn man in der Schule eine Erektion bekommt, dann wird man vielleicht gehänselt, weil es peinlich ist, aber zugleich ist es auch irgendwie männlich. Auf einen Periodenfleck ist niemand stolz. Wenn jemand dich mit einem

Aber würde er nicht HÜPFEN?

OMG! LOLOLOL

55

Periodenfleck erwischt, dann ist das eine Riesenblamage. Dabei ist es nur Blut! Seltsam. JJ hatte im Turnen Nasenbluten, und das war keine große Sache. Was für eine Doppelmoral! Seht ihr, das sind die Themen, die mich beschäftigen. Ich verstehe nicht, warum du so sehnsüchtig darauf wartest, deine Monatsblutung zu bekommen, Sunny!

30. September

Das mit der Doppelmoral ist so unfair, aber leider wahr. Kannst du dir vorstellen, wenn Jungs eine Monatsblutung hätten? Sie würden über nichts anderes sprechen. Sie würden vermutlich damit angeben und eine Art Wettbewerb daraus machen. „Mann, heute hatte ich eine MEGASTARKE Blutung!"

Der Preis für den BESTEN BLUT- FLECK geht an ...

Wenn Jungs eine Monatsblutung hätten, würden sie auf jeden Fall dauernd drüber reden. Sie würden es als Beweis ihrer Männlichkeit feiern. Da fragt man sich doch glatt, warum wir uns deswegen schämen. Wenn Frauen auf der ganzen Welt beschließen würden, einfach über ihre Periode zu sprechen, würden sich die Dinge ändern. Das ist wie in dem Spruch, den Mrs A häufig bringt: „Sei die Veränderung, die du in der Welt sehen willst." Wir sollten eine Revolution lostreten. Wir könnten Hoops' Ziegenmasken-Zeichnung auf T-Shirts drucken lassen, durch die Flure laufen und dabei rufen:

OVIDUKTE ÜBER ALLES!

Der Spruch gefällt mir, und es stimmt, dass sich dringend was ändern sollte. Es wäre toll, wenn man sich nicht ständig schämen müsste, aber ich hätte nie den Mut, in alltäglichen Unterhaltungen über das P-Wort zu reden, besonders nicht, wenn Jungs dabei sind. Für mich ist es etwas Persönliches, und das soll so bleiben.

Gibt es einen dezenteren Weg, wie ich die Revolution unterstützen kann? Zum Beispiel Protestkundgebungen organisieren oder Schilder malen?

PS: Der Spruch stammt übrigens nicht von Mrs A. Er steht auf einem Poster, das in der Bibliothek hängt. Man sieht es gleich, wenn man reinkommt.

ICH MÖCHTE EIN T-SHIRT MIT DER ZIEGENMASKE! Wenn ich meine Periode schon hätte, würde ich mich deiner Revolution anschließen, Twix. Doch da ich noch keinerlei Erfahrungen damit habe, käme ich mir wie eine Hochstaplerin vor. Vielleicht könnte ich eine Melodie für „OVIDUKTE ÜBER ALLES!" schreiben? Und dann machen wir eine richtige Hymne draus!

Okay, welcher Entwurf gefällt euch besser?

BITTE ABSTIMMEN!

OMG, DIE IST TOLL!

OMG, die sollten wir verkaufen!

Sunny, glaub mir, du verpasst überhaupt nichts. Nur jeden Monat eine Sauerei, verbunden mit ständiger Angst, dass etwas ausgelaufen ist oder dass du keine Binden mehr hast und jemanden um eine bitten musst. Meine Krämpfe sind auch ziemlich schlimm. Anfangs hatte ich noch keine, aber jetzt bekomme ich jedes Mal welche. Es fühlt sich an, als würde mir jemand in den Bauch greifen und sämtliche Eingeweide verdrehen. Zum Glück ist es nur am ersten Tag so. Aber im Ernst, genieße deine perioden-freien Jahre, solange du kannst.

PS: Die Designs sind beide ausgezeichnet, aber ich ten-diere mehr zur Ziegenmaske.

 Ich drück dich, MP! Deine Krämpfe klingen grässlich. Ich weiß, dass es keine wirklich angenehme Erfahrung ist, aber es geht mir ums Prinzip. Es bedeutet, dass man endlich ein Teenager ist, dass man erwachsen und zur FRAU wird. Auf jeden Fall ist man dann kein kleines Kind mehr. Ich hasse es, etwas zu versäumen. Krasser Fall von FOMO, Mädels!

 1. ktober

Herzlichen Glückwunsch zum zweiten Monat des Schuljahrs! Jetzt sind es nur noch neun!

OMG, SAG DAS NICHT!
NEIIIIIN!!!!

Tut mir leid wegen deiner Krämpfe, MP. Meine Mom kriegt die auch immer, und dann rollt sie sich mit einer molligen Wärmflasche auf dem Bauch zusammen. Vielleicht könntest du das auch probieren. Mrs A hat gesagt, dass manche Frauen Medikamente nehmen, die man in der Apotheke bekommt.

 Erste Hilfe gegen Krämpfe

ICH UNTERBRECHE DIESE
WICHTIGE UNTERHALTUNG UND
GRATULIERE DER NEU GE-
WÄHLTEN KLASSENSPRECHERIN
DER 7B UND MITGLIED DER
SCHÜLERMITVERWALTUNG,
MP – DU PERFEKTE!!!!!! DU HAST
ES GESCHAFFT! ICH WUSSTE
ES!!! ICH BIN SO STOLZ AUF
DICH, MP. XOXOXOX

Ich kann es nicht fassen. Als Mr M es verkündet hat
und alle geklatscht haben, habe ich so breit gegrinst,
dass mir die Backen wehtaten. Bin ich immer noch rot
im Gesicht? Es fühlt sich so an. Ich glaube nicht, dass
ich mich heute noch auf irgendetwas anderes konzentrieren kann. Danke, danke, danke für eure Rat-
schläge. Ohne euch hätte ich es nicht geschafft,
Tamponistas!

Herzlichen Glückwunsch, MP – DU
VIELVERSPRECHENDE! ICH WUSSTE,
DASS DU GEWINNEN WÜRDEST! Cheryl
Blossom hatte keine Chance gegen
unsere MP. CB sieht übrigens aus, als
hätte sie heute ein ganzes Netz Zitronen

verschluckt, was mich diebisch freut. Geschieht ihr Recht. Das ist ihre Strafe dafür, dass sie dich gemobbt hat – und uns auch. Du wirst deinen Job toll machen. Nicht zu vergessen, der Vizepräsident der Schülermitverwaltung ist einfach zum Knutschen. Hast du ein Glück, dass du ihn einmal die Woche sehen wirst! Und das sind nur die offiziellen Treffen. Ihr werdet vielleicht auch gemeinsam an Projekten arbeiten oder was auch immer ihr im SMV-Team so treibt. Vielleicht wirst du bald geküsst werden ...

MP, DU HAST ES GESCHAFFT! Mir tut vom Grinsen auch schon das Gesicht weh. Ich bin unendlich stolz und freue mich so für dich!

PS: Da Twix es erwähnt hat: Ich stimme zu. „VP" könnte nicht nur „Vizepräsident", sondern auch „VOLL PUTZIG" bedeuten.

Oder „Vollkommen Perfekt"!

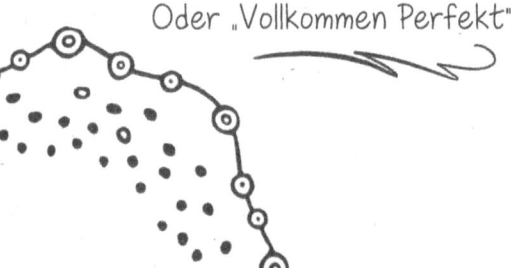

Ihr seid solche Scherzkekse. Aber im Ernst, wenn schon, dann steht „VP" für „Voll professionell", denn genau so werden wir es handhaben. Ich bin ausschließlich an den offiziellen SMV-Projekten interessiert. Und selbst wenn ich noch andere Motive hätte: VP ist mit meinem Bruder befreundet. Er hat also einen fragwürdigen Geschmack, was Freunde betrifft. Und wenn ich mit ihm ausgehen würde, dann wäre das fast so, als würde ich mit meinem Bruder ausgehen. Das geht wirklich gar nicht!

Ganz wie du meinst, MP, Königin des SMV-Komitees. Also, ich habe über das nachgedacht, was einen laut Sunny zur Frau macht. Man kann auch eine Frau sein, ohne seine Periode zu haben, schon vergessen? Das sexuelle Geschlecht ist biologisch, aber beim Gendern geht es darum, wie man sich innerlich fühlt. Transfrauen haben keine Monatsblutung, aber sie sind trotzdem Frauen. — Allerdings!

Stimmt!

Ja!

Ein Teenager zu sein, bedeutet übrigens, dass man zwischen 13 und 19 Jahren alt ist, und das bist du. Ich war schließlich auf der Party zu deinem dreizehnten Geburtstag, weißt du noch? Ich habe es mit der Periode übrigens nicht eilig. Damit ärgert man sich doch nur herum. Besonders beim Sport. Ich weiß, es gibt besonders saugfähige Binden und Tampons, aber ich mache mir trotzdem Sorgen. Außerdem bin ich nicht sicher, ob ich Tampons benutzen könnte (zumindest nicht gleich am Anfang).

Ich habe einmal einen Tampon verwendet. Es war am Ende der Sommerferien. Ich war bei J. auf einer Poolparty und wollte unbedingt mit den anderen zusammen schwimmen. Das größte Problem bestand darin, den richtigen Winkel zu finden. Das hat eine Weile gedauert. Ich dachte schon, die anderen würden bald nachsehen kommen, ob ich im Klo ertrunken oder ohnmächtig geworden bin. Aber nachdem ich erst mal den richtigen Winkel hatte, ging der Tampon ganz leicht rein. Ich habe ihn mehr nach oben als nach innen gerichtet, wenn ihr wisst, was ich meine. Es ist schwer zu erklären. Man muss es selbst ausprobiert haben. Sobald der Tampon richtig saß, habe ich nichts mehr von ihm gespürt. Ich bin sicher, wenn ihr Tampons verwenden möchtet, bekommt ihr das auch ganz schnell gebacken, ihr genialen Tamponistas!

Tampons sind toll, aber nicht ganz so toll für die Umwelt, und das ist für mich ein wichtiger Punkt, wie ihr wisst. Meine lustige Schwester hat mir ihre Menstruationstasse gezeigt. Ich muss sagen, die kam mir zuerst etwas groß vor, aber wenn man sie zusammenfaltet, bevor man sie einführt, ist sie viel kleiner. An Ort und Stelle entfaltet sie sich dann, und meine Schwester schwört, dass man nichts davon spürt. Ich konnte mich noch nicht dazu durchringen, eine zu probieren, aber irgendwann möchte ich das. Bis dahin verwende ich die waschbaren Binden, die sie mir besorgt hat, und die sind wirklich viel weicher und angenehmer als die Einmalbinden. Es ist, als würde ich mir während meiner Periode etwas gönnen. Warum sollte ich mich nicht wie eine Königin fühlen? Nach der Verwendung muss man sie nur kalt ausspülen und in die Wäsche tun. Total einfach.

Sie hat dir ihre Menstruationstasse gezeigt? Eklig! Ich musste natürlich noch nie einen Tampon verwenden (schluchz!), aber ich habe mir einen der Tampons, die Mrs A mitgebracht hat, in aller Ruhe angesehen. Ich habe das, was sie über den Applikator gesagt hat, nicht verstanden, darum wollte ich üben, wie man den Tampon durchschiebt, damit ich weiß, wie es geht, sobald ich meine Blutung bekomme (BEEILT EUCH, IHR HORMONE!). Damit komme ich jetzt klar, aber danach habe ich den Tampon in ein Glas Wasser gelegt, um zu sehen, wie sehr er sich ausdehnt, wenn er sich vollsaugt, und er wurde irre groß. Ich kann mir nicht vorstellen, so was in meinem Körper zu haben. Also werde ich Binden verwenden, zumindest bis ich älter bin.

PS: NICHT WEITERSAGEN!!

LOL! Von wegen!

Dann mache ich es.

Ich fordere dich zu einem Wissenschaftsprojekt heraus: Wir vergleichen die Saugkraft von Tampons, Sunny.

SELBSTVERSTÄNDLICH war es keine blutige Tasse, Sunny! Die sind wirklich leicht zu reinigen. Sie wäscht sie mit Seife und Wasser und nach ihrer Periode kocht sie sie aus. Außerdem ist es doch egal, ob ich eine Tasse oder einen Tampon einführe, oder? Eins ist nicht ekliger als das andere. Nichts davon ist eklig! Das will uns das Patriarchat nur einreden. Es ist völlig natürlich.

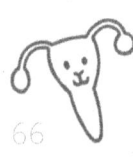

66

Meine lustige Schwester meint, dass es bescheuert ist, dass wir für Perioden-produkte bezahlen müssen. Wir suchen uns ja nicht aus, dass wir bluten. In manchen Ländern müssen Frauen immer noch Steuern auf Tampons, Binden und so bezahlen.

In ihrer High School wird der Tampon-spender im Mädchenklo manchmal nicht mal nachgefüllt. Er schluckt das Geld, rückt aber nichts raus. Dann müssen die armen Mädchen sich billiges, kratzi-ges Klopapier in die Unterhose stopfen und im Unterricht die ganze Zeit Angst haben, dass sie ihren Stuhl vollbluten. Ist das nicht grässlich?

Meine lustige Schwester findet, dass Binden und Tampons in öffentlichen Toi-letten gratis verfügbar sein müssten, genau wie Seife und Klopapier, was mir total einleuchtet. Man nennt es Mens-truationsgerechtigkeit. Sie hat für ihre Schülerzeitung einen Artikel darüber geschrieben. Der ist irgendwo online. Ich schicke euch den Link.

NIEDER MIT DEM PATRIARCHAT! OVIDUKTE ÜBER ALLES!

Schlau!

SO schlau!

PS: Ich habe für Notfälle immer eine Wegwerfbinde im Rucksack, falls eine von euch mal eine braucht!

OMG, MEINER AUCH!

ICH HABE DAS WIRKLICH MAL GETRÄUMT!

Das ist mein größter Albtraum - dass ich meine Blutung irgendwann in der Schule bekomme und nichts dabeihabe! Ich wünschte, es gäbe ein eindeutiges Zeichen dafür, dass es losgeht, aber Mrs A sagt, das gibt es nicht. Die meisten Mädchen bekommen vorher die erste Intimbehaarung (liiih!), aber auch dann kann es noch Jahre dauern, bis man seine Periode bekommt. Manche Mädchen haben Krämpfe, manche nicht (tut mir leid, MP!). Man kann sich einfach nicht hundertprozentig sicher sein, wann es losgeht.

Meine Mum hat mir erzählt, dass es spezielle, magische Menstruationsunterwäsche gibt, die das

Blut aufsaugt - ganz ohne Binden. Sie benutzt sie und hat mir bereits zwei Unterhosen gekauft, speziell für „Mädchen meines Alters", was auch immer das bedeutet. Aber soll ich die jeden Tag tragen, nur zur Sicherheit, falls ich meine Tage bekomme?

2. Oktober

Okay, ich habe gestern Abend im Internet nach Menstruationsunterwäsche geschaut. Es gibt sie wirklich, aber ich kapiere nicht, wie sie funktioniert. Läuft da echt nichts aus? Wie ist das möglich? Und man spült sie einfach aus und wäscht sie dann wie ganz normale Unterwäsche? Das ist ja einfach!

Twix, ich werde dir ein ganzes Jahr lang hausgemachte Twix-Riegel backen, wenn du jetzt sofort aufstehst und „OVIDUKTE ÜBER ALLES!" rufst. Wobei ... falls du es machen willst, dann warte lieber bis Mathe. Ich werde den blöden Test heute garantiert verhauen.

Wissenschaft = Magie, Sunny.
Verglichen mit Raumschiffen, die
zum Mond fliegen, ist magische Menstruationsunterwäsche ein Klacks
(Und viel nützlicher! Wie viele Menschen
wollen überhaupt in den Weltraum
fliegen?). Aber im Ernst, was bedeutete
„speziell für Mädchen in unserem Alter",
Hoops? Sind auf diesen Unterhosen
glitzernde Regenbogen und flauschige
Kätzchen?

PS: Ich überlege ernsthaft, ob ich den
Unterricht gewaltig aufmische. 😈

Keine Kätzchen oder Regenbogen, tut mir leid.
Sie sehen wie ganz normale Unterhosen aus,
aber im Schritt sind sie aus einem besonderen
Material, das Blut aufsaugt, ohne auszulaufen.
Solche Unterwäsche gefällt mir besser als Binden oder Tampons. Sobald man sie trägt, muss
man nicht mehr alle paar Stunden daran denken,
die Binde oder den Tampon zu wechseln. Ich
schätze, ich habe echt Glück.

Mom redet viel über alles, was mit der Periode
zu tun hat, das Thema ist ihr wichtig. Ich

fürchte, wenn es bei mir so weit ist, wird
sie ihre Yogaschülerinnen einladen, um mich
in der Welt der Weiblichkeit willkommen
zu heißen.

Falls sie das macht, dann MUSST du uns
dazu einladen. Bitte! Ich möchte unbedingt auf die Party zur Feier deiner
Weiblichkeit kommen! Als ich meine
Periode bekommen habe, hat meine
Zweitmutter ihre Tampons in „ihrem"
Zimmer versteckt (tut mir leid, aber bis
vor kurzem war das das Büro meiner
richtigen Mutter) und hat gesagt, ich
solle mir meine eigenen kaufen. Typisch!
Meine richtige Mom hat geweint und sich
ein Glas Wein eingeschenkt, als ich es ihr
erzählt habe. Ich glaube, es waren keine
Tränen der Rührung, weil „ihre Kleine
zur Frau wird", sondern Tränen des
Selbstmitleids, weil sie jetzt alt genug
ist, um ein menstruierendes Kind zu
haben. Aber meine lustige Schwester
hat mich auf ein Eis eingeladen. Ich
finde, jedes Mädchen sollte bei ihrer ersten Blutung ein Eis spendiert bekommen.

FINGER WEG
VON MEINEN
TAMPONS!

Sunny, Hoops, ich verspreche, dass ich euch auf ein Eis einlade oder was auch immer ihr wollt, wenn der große rote Zug in den Bahnhof einfährt.

Ich habe jedenfalls kein Eis bekommen. Meine Mom hat mir gezeigt, wo sich unter dem Waschbecken die Binden befinden, und mir dann noch fünf Minuten lang einen unangenehmen Vortrag über Verantwortung gehalten. So als hätte ich mich über Nacht in einen anderen Menschen verwandelt. Ich hatte eine Menge Fragen, aber da meiner Mutter die Situation sichtlich peinlich war, habe ich sie nicht gestellt. Ich habe mich ein bisschen traurig gefühlt, so als wäre etwas vorbei und würde niemals wiederkommen. Es war kein schönes Erlebnis.

Oooh, MP, denk doch nicht so. Du willst dich doch nicht zurückentwickeln, oder? Es macht viel mehr Spaß, ein Teenager zu sein als ein Kind. Ich bin sicher, es waren die Hormone, die dich traurig gemacht haben. Das nächste Mal, wenn die rote Gefahr sich zeigt, lade ich dich auf ein Eis ein! Kennen deine Eltern dich überhaupt? Du würdest doch nie im Leben etwas Unvernünftiges machen. 😊

Achterbahn
der **GEFÜHLE!** LOLOLOL

NEIN!

Twix, versprich mir, dass du nie wieder solche Begriffe benutzt wie DER GROSSE ROTE ZUG oder DIE ROTE GEFAHR. Dabei muss ich an Achterbahnen denken. MP, Ich finde es immer noch verrückt, dass deine Eltern dir nicht erlauben, am Sexualkundeunterricht teilzunehmen. Es geht um Anatomie, wie Babys gemacht werden, Hygiene und Verhütung. Was stört sie daran? Kannst du sie nicht umstimmen? Dann bekommst du vielleicht Antworten auf einige deiner Fragen.

Völlig ausgeschlossen! Wie soll ich das Thema Sexualkunde zur Sprache bringen, wenn meine Mom nicht einmal über die Monatsblutung reden möchte? Nach der ersten Unterhaltung hat sie es nie wieder angesprochen. Alles, was sie hören wird, ist das Wort „Sex" aus meinem Mund, und dann flippt sie total aus. Es ist schon in Ordnung so, von euch bekomme ich viel bessere Informationen. Immer nur her mit den Fragen und Antworten!

He, ich fand den großen roten Zug klasse. Würdest du deine Periode lieber den großen roten Zug nennen oder Tante Rosa (wie es früher üblich war)?

 DU MUSST DICH ENTSCHEIDEN!

Tante Rosa ist langweilig. Wie wäre es mit BIG RED?

Da muss ich an die Lieblingsband meines Bruders denken, Big Red Machine.

Oder an Clifford, den GROSSEN ROTEN Hund? BÄH!

LASS CLIFFORD AUS DEM SPIEL!

Armer Clifford. Okay, jetzt wird abgestimmt.

GROSSER ROTER ZUG ✓✓   Das würde ich niemals sagen!

TANTE ROSA ✓✓

Tante Rosa ist irgendwie niedlich.

Niemals! Meine Oma sagt so was, und sie ist schon über 80!

5. Oktober

Übers Wochenende habe ich über das nachgedacht, was Twix gesagt hat. Mir gefällt die Idee sehr gut, beim nächsten Mal Eis essen zu gehen, wenn eine von uns ihre Periode bekommt. Es muss nicht unbedingt Eis sein, gerne auch was anderes. Die, die ihre Periode bekommt, darf das bestimmen. Es ist eine Solidaritätssache. Wir gehen alle mit, auch diejenigen, die ihre Menstruation noch nicht haben. (Okay, Sunny? DU BIST EIN TEEN-AGER! Du darfst mitkommen.) Das wäre keine „Party zur Feier deiner Weiblichkeit" (bäh), mehr eine Aufmunterung.

Die Idee ist spitze! Ich kann euch gleich sagen, wenn ich meine Monatsblutung endlich bekomme, möchte ich eine Mochaccino-Eistorte und viel-leicht eine Party, aber keine große. Nur wir Tamponistas! Wenn wir dann alle unsere Menstruation haben, synchronisieren sich unsere Zyklen vielleicht und wir bekommen sie immer gleichzeitig. Heißt es nicht, dass das passiert, wenn Frauen viel Zeit miteinander verbringen?

Meine Mutter und die Schwestern bekommen ihre Blutung immer ungefähr zur selben Zeit, und dann wird es wild bei uns zu Hause. Bei mir ging es ja erst vor ein paar Monaten los und alles ist noch sehr unregelmäßig. Meine erste Regel hat drei Tage gedauert, bei der nächsten kam so wenig Blut, dass ich mir nicht sicher war, ob das überhaupt eine richtige Periode war, aber dann hat meine lustige Schwester gesagt, dass das normal ist und dass sich der Rhythmus irgendwann einpendelt. Ich habe eine App gefunden, mit der man darüber Buch führen kann, auch über die Symptome wie Krämpfe, Pickel oder was auch immer. Wir sind vermutlich irgendwann alle synchron mit meiner Zweitmutter – sie ist so bestimmend, dass es passen würde, wenn ihr Uterus unseren Uterussen vorschreibt, wie sie zu funktionieren haben. Heißt es eigentlich Uterusse oder Uteri?

Kannst du mir schreiben, wie die App heißt?
Die klingt sehr hilfreich.

PS: Wann verwendet man überhaupt den Plural von Uterus?

Keine Ahnung. Zum Beispiel als Arzt, der angehende Ärzte und Ärztinnen unterrichtet und sie Röntgenaufnahmen von verschiedenen Uterussen/Uteri vergleichen lässt. Du bist doch das Genie!

Also, MP, die heutige Frage aus der Box lautete: Kann man beim ersten Sex schon schwanger werden?

Antwort: Ja! Das hat mit dem Zeitpunkt des Eisprungs zu tun. Stell dir vor: Es gibt nur ein kurzes Zeitfenster von etwa drei Tagen im Monat, an denen man fruchtbar ist. Stell dir lieber NICHT vor: Das Sperma kann IN DIR DRIN LEBEN – ganze fünf Tage lang. Also selbst wenn du an dem Tag, an dem du Sex hattest, nicht fruchtbar warst, solltest du auch in den darauffolgenden fünf Tagen möglichst keinen Eisprung bekommen. Aber natürlich sollte man immer verhüten, bla bla bla.

MATHE! Selbst im Sexualkundeunterricht gibt es kein Entkommen. Ich habe den letzten Test versaut, was natürlich blöd ist, aber es ist extrasuperblöd, weil meine Eltern sagen, dass ich nur dann weiterhin mit meinen Freundinnen etwas unternehmen oder zum Tanzen gehen darf, wenn ich in Mathe mindestens eine Zwei bekomme. Ansonsten droht mir Hausarrest.

Boah, das ist ja heftig. Ich habe eine Drei, darum wäre ich dir leider keine große Hilfe, aber meine Eltern interessieren sich nicht für meine Mathearbeiten, darum muss ich mir deswegen zum Glück keine Sorgen machen. Denkst du, es war eine hypothetische Frage, oder hat jemand aus unserer Klasse wirklich vor, Sex zu haben? Ich kann mir nicht vorstellen, dass jemand tatsächlich schon so weit ist, richtigen S-E-X zu wollen.

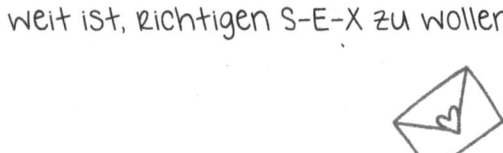

Gute Frage. Meinst du, Jungs denken über ungewollte Schwangerschaften genauso viel nach wie Mädchen?

Keine Ahnung. Aber ich könnte niemals
Sex haben, ohne verliebt zu sein.

Ich auch nicht. Ich werde warten, bis ich verheiratet
bin. Für mich ist Sex etwas Heiliges.

Und falls du nicht heiratest? Wirst du
dann nie Sex haben?

Warum sollte das passieren? Heiraten ist ein Ziel wie
jedes andere auch. Etwas, auf das ich hinarbeite.
Wenn man heiraten und eine Familie gründen möchte,
dann findet man die richtige Person. Ich würde nicht
herumsitzen und warten, bis das Schicksal das für
mich regelt. Warum sollte ich etwas so Wichtiges dem
Zufall überlassen?

Das ist so praktisch gedacht und so typisch für
dich, MP, aber ich glaube gern an das Schicksal.
Du weißt schon, unglücklich Liebende, Seelen-
verwandte und so. Vermutlich ist es besser, das
praktisch anzugehen, aber ich kann nicht anders,

als es mir romantisch vorzustellen. Liebe ist das,
was der Magie am nächsten kommt. Ich möchte
AN MAGIE glauben.

Ohhhh . . .
Sunny!

6. Oktober TIEFSINNIG!

Okay, zurück zur Sexfrage. Ich möchte warten,
bis ich wirklich dazu bereit bin. Und ich möchte
es mit jemandem tun, den ich wirklich mag. Vielleicht an der High School oder im College? Ich
kann es mir jetzt noch nicht vorstellen, aber in
fünf oder sechs Jahren bin ich bestimmt so
weit.

Das ist aber ganz schön weit weg. Bist
du nicht neugierig? Außerdem möchte
ich das erste Mal hinter mir haben. Es
wird immer so ein Riesending darum
gemacht, aber wenn man Lust darauf
hat und vorsichtig ist – warum nicht?
ES IST MEIN KÖRPER, MEINE Jungfräulich-
keit! Außerdem ist dann die Frage „Ist
sie noch Jungfrau oder nicht?" über-
flüssig.

Aber wenn du es machst und es sich herumspricht, hält man dich für eine Schlampe. Du
kannst nicht gewinnen. ☹

Ich mache mir mehr Sorgen darüber, wie über
mich geredet wird, als über den Sex an sich, obwohl der mir auch Angst macht (und so richtig
vorstellen kann ich es mir sowieso nicht). Woher
will man wissen, dass die andere Person dicht-
hält? Die Jungs protzen doch so gerne mit Sex.
Selbst die netten werden es vermutlich jemandem erzählen, derjenige erzählt es dann weiter,
und ehe man sich's versieht, wissen es alle. Oder
zumindest alle an der Schule, und das ist schlimm
genug.

Aber wenn du keinen Sex hast, heißt es,
du seist prüde, was soll's also? Es ist so,
wie du sagst, man kann nicht gewinnen,
also folge deinem Herzen. LEBE DEINE
WAHRHEIT!

Ich finde, du bist ganz schön hart. Vielleicht
machen das manche Jungs, aber nicht alle!
Und es ist doch klar, dass ich nicht mit einem
Jungen schlafen möchte, bei dem ich weiß,

dass er es gleich herausposaunt. Kannst du
dir vorstellen, dass Swoosh das täte? Oder dein
Bruder, MP?

«KEIN
KOMMENTAR»
bedeutet immer
Ja!

HAST DU ETWA
SEXFANTASIEN ÜBER
SWOOSH?

KEIN KOMMENTAR.

Würdest du lieber
als SCHLAMPE oder
als PRÜDE gelten?

Natürlich als prüde. Das Wort ist eigentlich gar keine
Beleidigung. Ich würde lieber prüde genannt werden
als dumm, böse, gemein oder fies. Und ganz ehrlich
kümmert es mich wenig, was eine Gruppe engstirniger
Mobber denkt, die Frauen nur in zwei Kategorien
einteilen. Deren Meinung hat nichts mit mir oder meinen Werten zu tun.

Außerdem stimme ich Hoops zu. Ich glaube nicht,
dass jeder Junge die Mädchen in der Klasse anschaut
und überlegt, ob sie Schlampen oder prüde sind.
So nervig mein Bruder manchmal sein kann, so
etwas würde er nie tun. Und meine Cousins ebenfalls
nicht.

PS: Lasst uns meinen Bruder und Sex nie wieder zusammen in einem Satz erwähnen.

HELDIN.

DU BIST MEINE HELDIN, MP! Ich wünschte, ich wäre so selbstbewusst wie du. Knifflige Frage. Prüde, denke ich. Prüde zu sein, heißt ja auch, dass man irgendwie romantisch ist und auf etwas Besonderes wartet. In meinem Fall auf das magische Knistern der Liebe. Aber wenn mich tatsächlich mal jemand als prüde bezeichnet, entweder direkt oder hinter meinem Rücken (und wenn ich es dann später erfahren würde), dann wäre es mir echt peinlich und ich müsste heulen.

Ich auch. Es ist so unfair, dass es nur zwei Möglichkeiten gibt, die das krasse Gegenteil voneinander sind. Ich kenne weder Schlampen noch prüde Mädchen, ihr etwa? Ich würde Schlampe wählen, einfach aus Prinzip. Ich sehe es wie Twix - es ist auf merkwürdige Art stark. Wenn sie dich erst mal eine Schlampe genannt haben, was bleibt ihnen dann noch? DU BIST FREI!

7. Oktober

Okay, da keine von uns in naher Zukunft Sex haben wird, reden wir doch lieber übers Küssen. Hoops, hast du Swoosh schon geküsst? J/N?

 Jetzt fühle ich mich total ausgeschlossen. Ihr wisst doch, dass ich noch nicht mal meinen ersten Kuss bekommen habe.

Kein Kommentar. Twix, da du davon angefangen hast - wie viele Jungs hast DU schon geküsst?

Was soll dieser „Kein Kommentar"-Müll? Im Tampon geht es schließlich ums Kommentieren. Und wenn du es unbedingt wissen willst: dreieinhalb.

Es ist rein körperlich unmöglich, eine halbe Person zu küssen. Erkläre das.

JA, BITTE!

84

Dreieinhalb!?!?! Und ich habe noch NIEMANDEN geküsst? Wie unfair! Warum ist mein Leben so TRAGISCH UND LEER? Wer sind die Glücklichen? Ich weiß nur von Dimples.

Also, es war ein halber Kuss, kein halber Mensch, Miss Obergenau. Der halbe Kuss ist im Sommercamp passiert. Da war ein Junge namens Nahem, der an meinem Mund abgerutscht ist und mich aufs Kinn geküsst hat. Darum ist es eher ein halber Kuss. Außerdem war der Kuss ein bisschen schlabberig. Etwa so, als würde man von einem Hund abgeschleckt werden.

DAS GEFÜHL KENNE ICH!
~~~~~> Cringe!

Tolle Beschreibung!

Damit bleibt noch Dimples, klar. Wir werden bestimmt irgendwann wieder zusammenkommen. Und dann gab es JJ und – nicht böse werden, Hoops, es ist so lange her, dass es nicht wirklich zählt – der Dritte war Swoosh. Bevor du jetzt sauer wirst: Es war beim Spiel „Wahrheit oder Pflicht". Wir haben die Lippen nicht geöffnet,

65

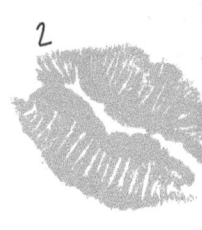

darum zählt es kaum. Ich habe
es bisher nicht erwähnt, weil es
wirklich nichts bedeutet.

Alles in Ordnung?

Okay, wow, das wusste ich nicht. Ich bin nicht
sauer, aber ein bisschen verstört. Und irgendwie
schockiert. Ihr seid doch nie miteinander abgehan-
gen. Wann genau ist das passiert? Und wolltest
du es mir irgendwann mal erzählen?

Letzten Sommer, nach der Schuljahres-
Abschlussparty. Einige von uns waren
draußen an JJs Pool und haben „Wahrheit oder Pflicht" gespielt und es ist einfach passiert. Aber es war nur dieses
eine Mal, und wir haben nie darüber
gesprochen und sind auch nie in Versu-
chung geraten, uns noch mal zu küssen.
Ich schwöre, er gehört einzig und allein
dir. Wir texten uns nicht einmal.

Warte mal, ist das der Grund, warum du MP und mich mit JJs Mutter in der Küche allein gelassen hast und für zwei Stunden verschwunden bist? Du wolltest mit cooleren Leuten abhängen und hast sogar Swoosh geküsst und es mir nie erzählt? Das ist krass.

Ich habe das auch nicht gewusst.

Dann bin ich nicht die Einzige. Anscheinend hat keine von uns es gewusst. Wenn es keine große Sache war, warum hast du dann so ein Geheimnis daraus gemacht, Twix?

Himmel, ich WUSSTE, dass es so laufen würde! Dass du dich darüber aufregst, beweist, dass du wirklich auf ihn stehst, also gib es ruhig zu. Ich schwöre, es hat mir nichts bedeutet. Können wir das bitte positiv sehen und nicht als etwas, das mich als Schlampe abstempelt?

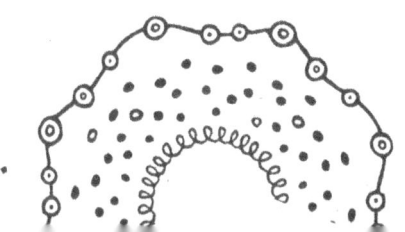

He, keine von uns hat behauptet, dass du eine Schlampe bist! Ich versuche nur, die äußerst überraschende Tatsache zu verarbeiten, dass du den Jungen geküsst hast, auf den ich stehe, und mir NIE etwas davon gesagt hast. Selbst wenn es nicht Swoosh gewesen wäre, hätte ich gedacht, dass wir die Art von Freundinnen sind, die sich so etwas erzählen.

8. Oktober

Also, ich habe die ganze Nacht darüber nachgedacht und beschlossen, ganz aufrichtig zu sein, schließlich geht es im TampON ja genau darum. Die Wahrheit ist, dass ich euch nicht alles erzähle, weil ich nicht möchte, dass ihr über mich urteilt. Ich sehe, was für Blicke Hoops und MP wechseln, wenn ich über Jungs rede. Als wäre ich verrückt nach Jungs und deshalb dumm oder so. Und, Sunny, du gibst vor, ganz frei von Vorurteilen zu sein, aber manchmal bist auch du ziemlich engstirnig.

Vielleicht möchte ich nicht, dass ihr drei mich angreift, nur weil ich ein NORMALER

Mensch mit normalen Gefühlen bin. Es ist NORMAL, jemanden küssen zu wollen. Tatsächlich finde ich es ziemlich abnormal, dass ich die Einzige von uns bin, die überhaupt schon mal jemanden geküsst hat. Ich weiß, ich habe gesagt, dass ich lieber Schlampe als prüde genannt werden möchte, aber das war nur für das WDL-Spiel. Es bedeutet NICHT, dass ich von meinen Freundinnen für eine Schlampe gehalten werden will. Das fände ich schrecklich.

Twix, ich würde dich niemals eine Schlampe nennen! Du weißt, wie sehr ich dieses Wort verabscheue. Tut mir leid, wenn ich etwas gemacht habe, das dich auf die Idee gebracht hat. So würde ich nie über dich denken. Ich bewundere total, wie reif du bist. Manchmal kommt es mir vor, als wären wir ein paar Jahre auseinander. Die Wahrheit ist, dass ich ein bisschen Angst vor dem Küssen und allem anderen habe (an alles andere mag ich nicht einmal denken)! Ich wollte mit Hoops keine Blicke wechseln, und ich verspreche, dass es nicht mehr vorkommen wird. Können wir uns bitte nicht streiten?

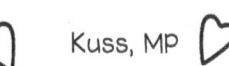

Kuss, MP

OMG, Twix, du bist KEINE Schlampe, sag so etwas niemals! Wir sind uns doch einig, dass es nicht cool ist, jemanden so zu nennen. Du bist meine Heldin. Du bist, wenn du dich mit Jungs abgibst, immer so gechillt. Das bewundere ich sehr. Drei sind auch ÜBERHAUPT NICHT viele. Ich meinte nur, dass ich neidisch bin, dass du schon dreieinhalb Jungs geküsst hast.
Und ich finde übrigens, man kann durchaus einen halben Kuss kriegen.

Ich trage immer noch Unterhemden für kleine Mädchen und bin für Jungs quasi unsichtbar. Im Ernst, DU BIST KEINE Schlampe, und ich glaube, ich spreche für alle Tamponistas, wenn ich sage, dass keine von uns so denkt. Und falls wir jemals mitbekämen, dass jemand dich so nennt, würden wir ihm die Meinung sagen.

Ich hab dich GANZ DOLL LIEB! xoxoxoxoxoxox

Ehrlich, ich liebe euch auch. Ich bin so froh, dass ich mir alles von der Seele geschrieben habe. Und es tut mir leid, dass ich euch abnormal genannt habe. Ich war so aufgewühlt! Ich möchte euch gern alles erzählen, aber manchmal mache ich mir Sorgen, dass ich wie ein sex-besessener Freak wirke und dass ICH vielleicht diejenige bin, die abnormal ist. Aber wenn ihr mich nicht so seht, dann sehe ich mich auch nicht so.

Okay, ich habe unsere Einträge zu dem Thema noch mal gelesen und ich habe einen Vorschlag. Könnten wir ab sofort auf das Wort „normal" verzichten? Ich meine, was ist schon „normal"? Es ist rein subjektiv und niemand fühlt sich dabei wohl.

Einverstanden! NORMAL NERVT. Auch das Wort „Schlampe" sollten wir nicht mehr verwenden. Es ist total sexistisch, und wir, die Tamponistas und Mitglieder der Schwesternschaft der Ziegenmaske, sind gegen Sexismus.

Oh ja, großartig. Lasst uns eine Liste der Wörter erstellen, die wir im TampON oder im Leben nicht mehr verwenden werden, wenn es sich vermeiden lässt:

- normal
- Schlampe
- prüde

9. Oktober

Guten Morgen, Tamponistas. Keine große Sache,
aber ich bin gestern allein nach Hause gegangen, weil
jemand nach dem Basketballtraining noch auf jemand
anderen warten musste … Hoops? Gibt es Neuigkeiten?

Könnten wir das bitte nicht so aufbauschen?
Schlimm genug, dass JJ und die ganzen Jungs auf
der anderen Straßenseite über uns gelacht haben.
Dabei haben wir nicht einmal Händchen gehalten
oder so, wir sind nur zusammen nach Hause
gegangen, Seite an Seite, wie andere Leute auch.
Es war nett. Blöd war nur, dass meine Mutter
aus der Haustür gestürmt kam, bevor Swoosh sich
verabschieden konnte, und ihn auf einen Snack
eingeladen hat.

ABER KLAR HAT SIE DAS GEMACHT.
ICH LIEBE DEINE MOM! Ich hätte das an
ihrer Stelle auch getan. Was hat er gemacht?
Was hat er gesagt?

Erzähl uns ALLES!

Ich muss euch leider enttäuschen, es gibt nicht viel zu berichten. Wir haben über die Schule und über Basketball gesprochen. Es war alles ganz normal, nur dass ich die ganze Zeit seinen Arm neben meinem gespürt habe. Er war mir echt nahe. Auf meinem Arm haben sich die Härchen aufgerichtet, als wären sie elektrisiert. Das war ein ganz seltsames Gefühl. Ich hatte Angst, Swoosh könnte es bemerken und mich für bescheuert halten. Aber ich wollte meinen Arm auch nicht wegziehen, sonst hätte er mich womöglich gefragt, warum ich das mache.

SO süß! Zwischen euch knistert es ja richtig!

Ich würde nicht sagen, dass es geknistert hat. Aber zugegeben, er ist ziemlich süß. Und er ist prima mit meiner Mutter zurechtgekommen, die sich echt peinlich benommen hat. Sie hat ihm mindestens hundert Fragen gestellt, es war das reinste Verhör. Im Ernst, nach einer halben Stunde wusste sie mehr über ihn als ich, obwohl ich ihn schon so lange kenne. Er hat sogar behauptet, ihr Rote-Bete-Hummus sei das beste, was er je gegessen hat (!).

Dabei futtert er immer nur Doritos und Käse-stangen. Über Hummus weiß er garantiert nichts. Ich dachte schon, sie würde ihn zum Abendessen einladen, aber er hat sich entschuldigt. Also wortwörtlich. „Ich muss mich entschuldigen." Dann ist er gegangen. Ich mochte ihn schon vorher, aber jetzt mag ich ihn noch mehr. HILFE!

Ooooh! Ich glaube, jetzt schwärme ich für Swoosh! Nur Spaß, er gehört dir. Ihr werdet hübsche, große Kinder bekommen, die alle Profi-Basketballer werden, und ich werde auf eurer Hochzeit Klavier spielen, und alle wer-den sich fragen: Wer ist diese tragische, aber schöne alte Jungfer, die so traurige Stücke spielt?

In welchem Jahr leben wir? 1860? Warum so dramatisch?

Wow, Swoosh ist ja SO charmant, wer hätte das gedacht? Ich freue mich wirklich für dich. Das ist toll. Außerdem hast du jetzt vielleicht schon ein Date für den Schulball. Unser erster in diesem Jahr. Bis dahin sind es nur noch zwei Wochen!

Denkt dran, es ist nicht nur ein Ball, sondern auch eine Benefizveranstaltung. Möchte jemand mithelfen? Ich bin für die Dekoration zuständig, aber wir brauchen Leute, die Karten verkaufen, am Getränketisch arbeiten und die Flure beaufsichtigen. Ich hatte keine Ahnung, wie viele verschiedene Jobs es bei einem einzigen kleinen Schulball gibt. Es ist total aufregend, hinter die Kulissen zu schauen und alles mitzugestalten.

Sag einfach, wo wir gebraucht werden und was es zu tun gibt, und wir werden da sein, MP! Ich hoffe, du musst dann nicht die ganze Zeit arbeiten. Bekommst du zwischendrin ein wenig frei? Sunny, wie läuft es mit dem Geigenjungen? Könntest du ihn einladen?

OMG, machst du Witze? Da läuft überhaupt nichts. Ich glaube, er weiß nicht einmal, wie ich heiße. Hier ist eine komplette Auflistung der Dinge, die wir zueinander gesagt haben:

„Hi." (Beide)

„Es regnet. Hast du einen Schirm dabei?" (Ich)

„Spielst du in der Herbstaufführung?"
(Ich)

„Ja." (Er. Auf die Frage nach der Aufführung. Als ich ihn wegen des Schirms gefragt
habe, ist er nur ein bisschen erschrocken.)

Vielleicht ist er schüchtern. Und ist nicht die Musiklehrerin immer dabei? Vielleicht findet er es seltsam,
in ihrer Gegenwart mit dir zu sprechen. Oder er
denkt, dass er während des Unterrichts schlecht
gespielt hat und dass du es draußen gehört hast.
Nächstes Mal solltest du ihm ein Kompliment über
sein Geigenspiel machen.

Oder du fragst ihn einfach nach seiner Han-
dynummer. Es ist viel einfacher, jemandem
zu texten. Falls er auf dich steht, aber
schüchtern ist, wäre das die ideale Strate-
gie. Tu es! Dein ERSTER KUSS könnte nur
ein oder zwei Textnachrichten entfernt sein!

Und wie soll ich das machen? Ihm einfach meine
Nummer geben? In Gegenwart meiner Musikleh-
rerin und meines DADS?! Das könnte ich nie!
Außerdem ist meine Mom viel zu neugierig. Sie

ist immer in der Nähe, wenn ich am Handy oder am Computer bin, als hätte sie Angst, ich könnte einer Sekte beitreten oder Drogen kaufen. Wenn sie mitbekommt, dass ich mit einem Jungen chatte, würde sie mir die Hölle heißmachen. Ich bin dazu verdammt, mich nie zu verlieben. Jedenfalls nicht, bis ich ausgezogen bin, und bis dahin werde ich zu alt sein und niemand wird sich mehr für mich interessieren. Jetzt bin ich deprimiert. ☹

Sei nicht traurig, du bist unsere Sunny! Das Licht unseres Lebens. Wenn der Geigenjunge nicht sieht, was für ein Sonnenschein du bist, dann ist es sein Pech.

Wo wir von Liebe sprechen, was machst du morgen, Hoops? Bist du dieses Wochenende bei deinem Vater? Mein Bruder hat ein paar von seinen alten Basketballfreunden eingeladen, um gemeinsam das Spiel der Toronto Raptors anzuschauen. Es ist das erste Mal, seit er an der High School ist, dass er sich dazu herablässt, mit popeligen Kids aus der Mittelstufe abzuhängen. Ich glaube ja, dass es ihm fehlt, der große Zampano zu sein, und auf diese Weise kann er sich wieder toll und überlegen fühlen. Nicht, dass er das JEMALS zugeben würde.

Jedenfalls hat er erwähnt, dass Swoosh auch kommt. Falls du also hier bist, Hoops, dann solltest du auf jeden Fall vorbeischauen. So könntest du ihn mal außerhalb der Schule treffen. Und falls das nicht klappt, können wir zusammen abhängen und die Jungs von meinem Zimmer aus ausspionieren.

MP! Du bist ja die reinste Kupplerin! Hoops, da musst du hin. So kannst du testen, wie es mit dir und Swoosh in einer größeren Gruppe läuft.

Was gibt es da groß zu testen? Wir sind ja nicht zusammen oder so. Ich habe gerade erst gemerkt, dass ich ihn mag, und ihr wollt, dass ich in eine Basketballrunde mit lauter älteren Jungs und seinen Freunden platze? Und was dann? Ihnen wie eine Cheerleaderin dabei zusehen, wie sie spielen?

DU MUSST HINGEHEN! Du platzt nicht rein, du wohnst ja praktisch nebenan. Und du besuchst nur zufälligerweise deine allerbeste Freundin MP. Es wäre sogar seltsam, wenn du NICHT hingehen würdest. Er weiß doch, wo du wohnst, oder? Ich wette, er hofft insgeheim, dass du kommst.

Außerdem bist du eine fantastische Basketballspielerin. Es wäre überhaupt nicht komisch,
wenn du aufkreuzen würdest. Ich gehe vielleicht auch hin. Denn so wie es sich anhört,
werden viele Jungs dort sein und damit viele
Gelegenheiten, dass es endlich magisch knistert! Wird ein gewisser „sehr professioneller"
Vizepräsident der SMV anwesend sein, MP?

Je mehr, desto besser. Ihr solltet alle kommen!
Und es ist ganz bestimmt nicht seltsam, Hoops.
Natürlich würden sie dich fragen, ob du mitspielen
möchtest. Aber falls es sich für dich seltsam
anfühlt, dann können wir beide etwas anderes
machen.

Und nur zur Info, VP ist eingeladen. Er war letztes
Jahr zusammen mit meinem Bruder im Basketball-
team. Nicht, dass mir das irgendwas bedeuten
würde, denn ich interessiere mich ja nicht für ihn,
wie du weißt.

Das klingt alles sehr vielversprechend.
Ich gehe am Samstag mit meiner lustigen Schwester zu einer Party, sonst

würde ich auf jeden Fall auch kommen.
Ich wünsche euch viel Spaß. Brecht
ein paar Herzen! Tut nichts, das ich
nicht tun würde ... nein, wartet ... tut es
doch! 😜

He, ist das eine richtige HIGH-SCHOOL-Party?
Was, wenn dort Alkohol ausgeschenkt wird?
OMG, das ist ja irre! Du wirst lauter coole
Leute kennenlernen und nichts mehr mit uns zu
tun haben wollen. Aber das war ja früher oder
später ohnehin zu erwarten. 😣

Chill, Sunny! Das ist keine wilde Party, auf
der die Leute im Pool fummeln oder sich im
Badezimmer übergeben. Die Party findet
beim neuen Freund meiner lustigen Schwester statt, und nur ein paar seiner Freundinnen und Freunde sind zu Besuch. Könnte
sein, dass es Alkohol gibt, aber deswegen
muss ich ja keinen trinken. Ich bin ein
großes Mädchen und ich kann auf mich
aufpassen. Meine lustige Schwester ist cool,
und ich hoffe, sie hat ein paar ebenso coole,
interessante Freunde. Scheint, als hätten
wir alle ein vielversprechendes Wochenende

vor uns, bei dem es mächtig knistern wird, Ladies!

Wow. Ich kann mir nicht vorstellen, auf eine High-School-Party zu gehen. Bist du nicht wenigstens ein kleines bisschen nervös? Außerdem dachte ich, deine lustige Schwester würde auf Mädchen stehen?

Das stimmt, aber jetzt hat sie einen Freund. Sie ist bi und geht ganz offen damit um. Sie geht wirklich mit allem sehr offen um. Sie ist echt das Beste an meiner neuen Familie. Sie ist meine Heldin! Ihr neuer Freund ist wirklich cool. Ein eher ruhiger Typ, aber er spielt Bass in einer Band und sie werden auf der Party auftreten. Vielleicht sind einige seiner Bandkollegen solo. Ich kann mir gut vorstellen, einen Musiker zu daten.

IHR HABT ALLE SO TOLLE PLÄNE, NUR ICH NICHT! Während ihr auf Gruppendates und High-School-Partys abhängt, werde ich auf dem Weg zu meiner Oma neben meinem Bruder im Auto sitzen, dem garantiert sowohl auf der Hin-

als auch auf der Rückfahrt schlecht wird. Bitte genießt euer Leben in vollen Zügen, damit ihr mir am Montag alles erzählen könnt.

AN DIESEM WOCHENENDE WIRD ES KNISTERN!

12. Oktober

Wie war das Wochenende? Ich will jedes Detail hören. MP, möchtest du VP jetzt daten, nachdem du ihn außerhalb der Schulzeit getroffen hast? Hoops, hat Swoosh dich nach Hause begleitet und dir einen GUTENACHTKUSS gegeben?!

Da er direkt nebenan wohnt, wäre es kein großes Ding gewesen. Das Ganze war sowieso kein Date. Sobald seine Freunde in der Nähe sind, tut Swoosh so, als würde er mich nicht kennen. Es war also nur ein gemeinsames Abhängen mit ein paar Jungs. Es war nett, aber ich fand es echt schade, dass er mich komplett ignoriert hat. Ich glaube, ich mag ihn wirklich. Hilfe!

ICH WUSSTE ES!

Wie Hoops schon sagte, war es einfach nur ein gemeinsames Abhängen. Wir waren zu fünfzehnt, meine kleinen Cousins mitgezählt, und irgendwann haben die Kleinen darauf bestanden, dass wir alle zusammen Basketball spielen. Es war total süß, wie diese Supersportler mit den Kindern herumgealbert haben. Arme Hoops! Ich wette, so hast du dir die Zeit mit Swoosh nicht vorgestellt.

Es war kein schlechtes Wochenende, nur eben kein richtiges Date, aber das hätte ich mir denken können. Alle waren nett und deine Cousins waren sogar richtig niedlich. Außerdem hat ein gewisser JEMAND die ganze Zeit MP angestarrt, aber sie hat es nicht bemerkt.

OOOOOOOH EEEEEECHT?! Vielleicht stehst du nicht auf ihn, MP, aber falls du es vor der High School mal mit dem Küssen probieren willst, könntest du ihm eine Chance geben. Du könntest es schlechter treffen als mit unserem hochgeschätzten VP! OMG, Cheryl Blossom würde durchdrehen, falls ihr  wirklich miteinander gehen würdet! Und wäre das nicht die beste Rache nach ihrem total uncoolen (und erfolglosen) Versuch, dir die Wahl zur Klassensprecherin zu vermasseln?

PS: Tut mir leid, Hoops, aber es wird schon werden mit Swoosh. Bald ist der Schulball, und das ist die beste Gelegenheit für euren ersten Kuss!

Ich habe beschlossen, mich nicht auf das Niveau von kleinlichen Mobberinnen wie Cheryl Blossom zu begeben. Dass ich aus eigener Kraft gewonnen habe, war Rache genug für mich!

XOXO
MP!

PS: Ihr seid alle vom Küssen besessen. Ich stimme für eine kussfreie Zone im TampON. Wir werden eine ganze Woche lang nicht darüber schreiben.

LIEB DICH!

Ich bin dafür. So, wie es am Samstag gelaufen ist, befürchte ich sowieso, dass es noch ewig dauern wird, bis Swoosh und ich uns küssen werden, falls es überhaupt jemals passiert. Es war nett und alles, aber vielleicht gefalle ich ihm doch nicht so sehr, wie ich dachte. Dummerweise schwärme ich jetzt für ihn. So ein Mist!

Swoosh wollte vielleicht vor den älteren Jungs cool wirken. Er steht hundertprozentig auf dich, Hoops. Vielleicht solltest du den nächsten Schritt machen. Aber da es hier ein Kussverbot gibt, reden wir diese Woche nicht darüber. Kussfrei finde ich übrigens gut. Es sieht ja nicht so aus, als ob ich in naher Zukunft jemanden küssen würde.

Wenn wir nicht übers Küssen reden dürfen, dann kann ich euch nicht von meinem Samstagabend erzählen ... 😜

KUSSFREI VORBEI!

Ich möchte alles über deine High-School-Party hören! Erzähl uns mehr über FIFTEEN!

Wer? → Ist er 15 Jahre alt?

Schon gut. Sunny weiß schon alles. Nachdem sie das Wochenende mit ihrem kotzenden Bruder und lauter alten Leuten verbracht hat, dachte ich mir, sie braucht ein wenig Ablenkung. Also habe ich ihr das Wichtigste geschrieben!

Also, FIFTEEN ist ein Junge, den ich auf der ABSOLUT GENIALEN Party am Samstag ken-nengelernt habe. Im Ernst, Leute, alle waren supernett und es war überhaupt nicht einschüchternd. Lauter coole Leute, die mit einer echten Live-Band im Garten gechillt haben. Es hätte euch allen gefallen. Fifteen ist ein Schulkamerad meiner lustigen Schwester. Er hat einen verstrubbelten, irgendwie verknitterten Look, aber er riecht wunderbar, nach Seife und Zimt oder so. Echt hey, als ich neben ihm stand, dachte ich, ich würde ohnmächtig werden, so gut

hat er gerochen. Ganz anders als die Jungs aus unserer Klasse. Außerdem hat er ein Lippenpiercing, was ich ganz schön heiß finde.

SO HEISS!

Es war so: Ich habe der Band zugesehen und dabei bemerkt, dass er mich immer wieder angesehen und dann wieder weggeschaut hat. Einige Songs lang haben wir aus der Ferne miteinander geflirtet, und als die Band eine Pause gemacht hat, habe ich nach meiner lustigen Schwester gesucht. Und plötzlich stand er vor mir. Er hat gefragt, ob mir die Band gefallen hat, und ich habe Ja gesagt. Dann haben wir über Musik und die Schule und einfach alles geredet … bis wir uns spontan geküsst haben. ☺

Als ich sagte, das wäre wie in einer Teenie-Romanze, habe ich eigentlich Witze gemacht. Dabei hast du genau so etwas erlebt! Du hast jetzt einen neuen Schwarm und kannst Dimples vergessen. Finde ich gut. Ich wollte vorher nichts sagen, weil ich weiß, dass du ihn magst, aber du bist viel zu gut für ihn.

TEAM FIFTEEN!

Pfeif auf Dimples! Ich bin Team Fifteen.
Ich kann nicht fassen, dass du einfach so
öffentlich herumgeknutscht hast. Mir wäre
das viel zu peinlich. Gab es Alkohol?

Nicht wirklich. Einige Leute hatten Cock-
tails, aber niemand war betrunken.
Fifteen und ich waren zu sehr in unser
Gespräch vertieft. Und dann ins Küssen,
was viel besser ist als reden (oder trinken). Seitdem schreiben wir uns ständig,
darum ist es BESONDERS GRAUSAM, dass
wir unsere Handys nicht benutzen dürfen. Möchte Mr M nicht, dass ich meine
Ziele erreiche?

Wow, versprich mir, dass du vorsichtig bist. Er ist
älter, könnte also andere Erwartungen haben.
Möchtest du, dass ich meinen Bruder nach ihm
frage? Vielleicht kennt er ihn oder kann sich für
dich über ihn schlaumachen.

Danke, MOM! Ehrlich, MP, ich habe eine
Mutter und zwei ältere Stiefschwestern.
Ich brauche keinen weiteren Aufpasser.
Ich bin ein großes Mädchen und du
musst dir meinetwegen keine Sorgen
machen. Und glaub mir, es gibt nichts,
was dein Bruder mir sagen kann, das
ich nicht selbst übers Internet herausfinden könnte. Ich weiß, was ich tue.

13. Oktober

Die heutige Frage in SK hatte es in sich:
ZÄHLT EIN BLOWJOB ALS SEX?
Kurze Antwort: Ja! Darum heißt es offiziell **ORALER SEX**. Es gibt viele sexuelle
Aktivitäten, bei denen der Penis nicht in
die Vagina eingeführt wird (wobei Mrs A
es nicht so formuliert hat). Sie sagte, die
traditionelle Definition von Sex ist ein-
schränkend und **HETERONORMATIV**
(hallo, neues Lieblingswort!), denn „P in
V"-Sex bezieht schwule und lesbische
Menschen nicht mit ein. Längere Antwort: Man sollte sich auf keinerlei

sexuelle Aktivitäten einlassen, bis man dazu bereit ist und sich schützen kann. Wie denkt ihr darüber?

Das klingt vernünftig. Ich würde alles, bei dem Genitalien eine Rolle spielen, als Sex bezeichnen.

PS: Heteronormativ ist wirklich ein gutes Wort. Wir haben ja bereits eine Liste mit Wörtern, die von der Schwesternschaft der Ziegenmaske niemals benutzt werden. Sollten wir auch eine Liste mit Wörtern erstellen, die wir häufiger benutzen wollen?

Äh, sicher.

Das gefällt mir. Können wir Periode auf die Liste setzen? Also natürlich im Sinne der Monatsblutung, nicht im Sinne eines Zeitabschnitts.

Außerdem Vulva und Vagina, die beiden verwechsle ich immer.

Ich auch!

Jap!

BIN DABEI! Könnten wir auch Menstruatorin hinzufügen? Wie Hoops sagte, bekommen nicht nur Frauen ihre Periode. Transmänner und nichtbinäre

Menschen ebenfalls. Mir war nie klar, wie heteronormativ (und schon habe ich es benutzt!) die Sprache ist, bis ich meine lustige Schwester kennengelernt habe. Ihr*e Freund*in hat angefangen, das Neopronom „dey" zu verwenden, und manche Leute haben intolerant reagiert. Ich verplappere mich manchmal, aber ich bekomme es immer besser hin. Ich versuche es mal: Dey ist vielleicht die coolste Person, die ich kenne. Dey ist einfach völlig authentisch. Ich mag den so sehr, manchmal sogar noch mehr als meine lustige Schwester. Als ich ihr von Fifteen erzählt habe, hat sie sich nicht so sehr für mich gefreut, wie ich erwartet hatte. Hin und wieder wird sie total herablassend und sagt Sachen wie „Genieße deine Jugend" und „Werde nicht zu schnell erwachsen". Dabei ist sie nur zwei Jahre älter als ich. Das nervt.

Hoops und Swoosh, Twist und Fifteen, UND WO BLEIBT MEINE GROSSE LIEBE?!

Sunny, hör auf, dich über dein Liebesleben zu beschweren, und unternimm etwas! Sprich den Geigenjungen an. War dein Ziel nicht, geküsst zu werden? Dann tu auch was dafür! MP musste eine Rede halten, obwohl sie es gehasst hat, aber jetzt ist sie Klassensprecherin und genießt es. Ich habe in der Mannschaft nicht die Position bekommen, die ich mir gewünscht habe, aber wir sind dieses Jahr wirklich gut und könnten es in die Bezirksmeisterschaften schaffen. Und Twix wird am laufenden Band geküsst werden, nachdem sie jetzt VIP-Zutritt zu High-School-Partys hat. Du kannst nicht darauf warten, dass etwas von selbst passiert, du musst die Dinge in die Hand nehmen!

PS: Ich mag das Wort Menstruatorin, es klingt wie ein cooler Job oder der Name einer Super-heldin.

DIE MENSTRUATORIN stellt sich mutig jeder Herausforderung.

Die Menstruatorin hilft dir bei Problemen und Krämpfen.

YESSSSS!

Herrlich!

Hui, wer ist diese neue Hoops? Ich mag sie. Und ich bin ganz deiner Meinung. Du musst mit ihm sprechen, Sunny, so schnell wie möglich. Hast du heute Abend nicht Klavierunterricht? WAS WÜRDE DIE MENSTRUATORIN TUN?

Aber was soll ich bloß zu ihm sagen? Ich kann ihn doch nicht einfach ohne Grund ansprechen.

PS: Vielleicht bekommt die Menstruatorin ihre Superkräfte und ihr Selbstbewusstsein ja durch die Periode, DIE ICH NOCH NICHT HABE!

Alles Ausreden!

Warum nicht? Außerdem hast du sehr wohl einen Grund, ihn anzusprechen: Du magst ihn nämlich. Natürlich musst du ihm das nicht gleich auf die Nase binden, aber du kannst ihm zumindest ein paar Signale geben. Denk nicht so viel nach. Sei einfach freundlich und stelle ihm ein paar Fragen. Es muss kein dramatischer Moment wie im Film sein und du musst dich auch nicht wie eine Superheldin benehmen. Eher wie die alltäglichen

Alter Egos der Superheld·innen, z. B. Diana Prince oder Peter Parker.

Genau!

NUR MUT, SUNNY!

Würdest du lieber mit einem Jungen reden, den du schon ein wenig kennst, oder auf dem Schulball am Freitag drei Leute zum Tanzen auffordern?

Ich würde den Geigenjungen wählen!

Klare Sache!

Ich auch. Und jetzt meine Bedingungen: Sunny, du musst heute Abend mit dem Geigenjungen sprechen und uns dann erzählen, worüber ihr euch unterhalten habt. Wenn du das nicht schaffst, musst du am Freitag auf dem Ball DREI Leute zum Tanzen auffordern. Es ist bestimmt einfacher, zum Geigenjungen Hi zu sagen!

OMG, DAS IST SO GEMEIN! Und keine faire WDL-Frage. Schließlich müsst ihr nicht mit den Konsequenzen leben. Ich verspreche, dass ich heute Abend vor dem Klavierunterricht versuchen werde, ihn anzusprechen, aber wenn ich keinen Ton rausbringe oder zu lachen anfange oder etwas Peinliches mache, DANN SEID IHR SCHULD!

14. Oktober

GUT GEMACHT!

OMG, ich habe es getan! Ich habe ihn angesprochen und wir haben am Samstag eine Art Date. Okay, es ist nicht direkt ein Date, aber das Wichtigste ist, dass ich es geschafft habe und nicht tot umgefallen bin. Und er hat nicht gelacht und mich auch nicht angeschaut, als wäre ich bekloppt oder so.

Ich habe an das gedacht, was MP gesagt hat, dass ich ganz entspannt Fragen stellen soll. Als er aus dem Unterricht kam, habe ich ihn einfach angelächelt, als würde ich ihn kennen und wäre schon mit ihm befreundet.

Ja!

Er wirkte ein bisschen überrascht, aber dann hat er zurückgelächelt. Es war perfekt, dass

115

meine Musiklehrerin mich gebeten hat, fünf
Minuten zu warten, weil sie jemanden anrufen musste. Sie hat die Tür geschlossen und
ich war im Wartezimmer mit ihm allein. Es war
wie Schicksal, und das hat mir Mut gemacht.
Das war unsere Unterhaltung, Wort für
Wort:

Genial!

Ich: He, wie läuft's?

GJ: Gut. Bin gerade mit meiner
Stunde fertig.

Ich: Es hat gut geklungen.

GJ: Danke. Eigentlich mag ich Bach
nicht besonders.

Ich: Ich auch nicht. Ich meine,
ich mag die Sonatine nicht, die ich
in ein paar Wochen vorspielen soll.
Von Bach spiele ich nichts.

GJ: Klar, Bach hat auch nicht so viel
Klaviermusik komponiert.

Ich: Stimmt. Und, hast du
am Wochenende etwas
Interessantes vor?

GJ: Ich gehe zu Musiktheorie.
    Der Kurs beginnt am Samstag.
    Kommst du auch hin?

UND ICH HABE JA GESAGT! Und wisst ihr,
was er geantwortet hat? „GUT!" Nicht „Okay"
oder „Prima" oder „Wir sehen uns dann", sondern „GUT!"! Das ist die bestmögliche Reaktion,
findet ihr nicht auch?

Hurra, Sunny! Ja, „Gut!" ist die bestmögliche
Antwort. „Gut!", bedeutet: Er freut sich darüber,
dass du dort sein wirst, und möchte, dass du es
weißt. Siehst du? Du musstest nur ein bisschen
aus dir rausgehen – und schau, was du erreicht
hast!

GUT GEMACHT … DAS IST KLASSE! Ich
wusste, dass er dich mag. Wie könnte es
anders sein? Jetzt musst du nur noch
etwas Niedliches anziehen und dafür
sorgen, dass du in dem Kurs neben ihm
sitzt. Das ist wie im Liebesroman. Ich
muss es wissen, denn ich bin die Lese-
ratte. Ich würde dir nur zu gern Tipps

für dein heißes Date geben, aber dann denkst du viel zu viel nach (ich kenne dich). Sei einfach du selbst.

Also es ist auf jeden Fall kein „Date", weil meine Klavierlehrerin und ein paar andere Kids dabei sein werden. Musiktheorie ist außerdem so ähnlich wie Mathe, und ich brauche beim besten Willen nicht noch ein zweites Fach, in dem ich versage. Gleichzeitig bin ich aber sehr stolz auf mich! Ich habe es getan! UND ich hatte an dem Tag keinen einzigen Pickel. Ich fühle mich großartig.

* ★Es hätte nicht besser laufen können. Sunny, ich freue mich so sehr für dich. Eigentlich arbeitest du sogar an zwei Zielen gleichzeitig - in Mathe nicht versagen UND geküsst werden. Vielleicht kann ich dir in Mathe helfen. Ach, ist das romantisch!

Es ist irre. Übermorgen ist der Schulball und am Tag darauf meine erste Musiktheoriestunde mit dem Geigenjungen, und ich soll hier herumsitzen und über mein Projekt für Sozialkunde nachdenken? DABEI PASSIERT GERADE SO VIEL!

Was werdet ihr zum Ball anziehen? Ich habe nichts, was passt. Ich möchte ein bisschen älter aussehen, so wie ein Mädchen, das man nach Musiktheorie auf ein Date einlädt oder das man zum Tanzen auffordert. Ich will auf keinen Fall unscheinbar oder jungenhaft aussehen.

DER B.B.W. ist DOOF!

Habe ich euch je erzählt, was mir mit dem B.B.W. vor den Toiletten passiert ist? Ich wollte hineingehen, da hat er zu mir gesagt: „Das ist das Mädchenklo", und ich sagte: „Klar, weiß ich doch, ich bin ein Mädchen." Und dann hat er zweifelnd auf meine Brust gestarrt und gefragt: „Bist du dir sicher?"

 Das war schrecklich. Ich bin in eine Kabine gestürmt und habe geweint, doch dann kam Cheryl Blossom mit ihrer Clique herein, also musste ich mich zusammenreißen und behaupten, ich hätte Heuschnupfen. Am schlimmsten war, dass meine größte Angst bestätigt wurde: Jungs nehmen mich gar

nicht als Mädchen wahr. Ich bin so flach, dass ich nur mit einer Badehose bekleidet ins Freibad gehen könnte, und alle würden mich für ein Jungen halten (würde ich natürlich niemals tun!).

Lass dich vom Big Bad Wolf nicht fertigmachen, Sunny. Er hat seinen Spitznamen, weil er allen das Leben schwer macht. Und weil er so zottelige Haare hat. Seine Bemerkung war fies und völlig falsch. Nicht nur, dass du ein Mädchen bist, du bist auch noch eins meiner Lieblingsmädchen. Xo

 Meins auch!

Meins auch! Du bist sooo süß, Sunny. Wir werden dir ein tolles Outfit zusammenstellen, mit dem du es am Freitag allen zeigen wirst. Im Ernst, jetzt wo in meinem Haus drei Mädchen im Teenageralter leben, ist die Klamottensituation völlig eskaliert. Irgendwo in unseren Schränken hängt dein Bomben-Outfit, das weiß ich. Komm vor dem Ball her und wir werden uns gemeinsam zurechtmachen. Ihr solltet alle kommen!

Ihr seid die Besten. Twix, ich komme LIEBEND gerne und lass mich von dir einkleiden. Du hast den allerbesten Stil. Vielen Dank! Aber ich glaube wirklich, dass alles einfacher wäre, wenn ich größere Brüste hätte. Oder überhaupt Brüste. Wenn eine Fee auftauchen sollte, wäre DAS mein Wunsch.

Ich habe genau das gegenteilige Problem. Ich wünsche mir eine kleinere Oberweite. Seit meine Brust um zwei Körbchengrößen gewachsen ist, fühle ich mich nicht mehr wie ich selbst, sondern so, als wäre mir mein Körper ein Stück voraus. Ich ernte auch komische Blicke. Ich werde von oben bis unten gemustert, manchmal bleiben die Augen meines Gegenübers für den Bruchteil einer Sekunde an meiner Brust hängen, und ich möchte schreien: He, die sind nicht wichtig! Ich wünschte, ich könnte meine Brüste verstecken, aber sie stechen jedem ins Auge. Außerdem sind sie ganz oft im Weg. Selbst wenn ich zwei Sport-BHs

übereinander trage, hüpfen sie immer noch herum.
Ich habe es euch damals nicht erzählt, aber letztes
Jahr kam Cheryl Blossom nach dem Sportunterricht
zu mir und hat gesagt: „Versteh mich nicht falsch,
aber wir haben dich vorhin beim Laufen gesehen und
finden, dass es höchste Zeit für dich wird, einen BH zu
tragen." Es war so demütigend! Ich schäme mich sogar
jetzt noch, während ich es schreibe. Warum hasst sie
mich so sehr? Mir fällt kein einziger Grund ein.

PS: Nicht weitersagen!

SIE HAT WAS GESAGT? Ist ja unglaublich! Warum
hast du mir das nicht erzählt? Das ist SO gemein
und SO unangebracht! Dein Busen ist wunderschön und ich würde jederzeit mit dir tauschen,
dass du es weißt!

Das passt TOTAL zu ihr. Wie gemein, MP.
Aber ich schwöre, es geht nicht nur dir so.
Seit es zwischen mir und Swoosh ein bisschen
funkt, versucht sie mich aus dem Basketball-
team rauszuekeln. Letzte Woche hat sie sich
dauernd über einen Gestank in der Umkleide

 beschwert. Sie hat so getan, als würde sie nach der Ursache suchen, ist herumgegangen und hat dramatisch geschnüffelt. Dann ist sie direkt vor mir stehen geblieben und hat gesagt: „Ich kann dir ein gutes Deo empfehlen, weißt du." Danach hat sie sich kaputtgelacht, als hätte sie den besten Witz aller Zeiten gemacht. Warum ist sie so gemein? Sie ist mit Abstand das größte Miststück in unserer Klasse.

PS: Ich benutze selbstverständlich Deo.

Sie ist einfach megaeifersüchtig auf deinen FREUND. So können wir Swoosh doch jetzt nennen, oder?

Kein
Kommentar.

Unfassbar. Und ihr seid beide perfekt, egal, was Cheryl Blossom sagt oder tut. Ich habe zwar nicht so wunderbar üppige Melonen wie MP, aber ich mag meine kleinen Erdbeeren auch sehr. Manchmal wünschte ich allerdings, ich

123

hätte schönere Beine. Meine sind stämmig UND knubbelig. Ich kann nie so süße knappe Shorts tragen wie du, Sunny. Ich meine, ich mache das Beste aus mir – und ich weiß, dass ich wunderbar bin –, aber manchmal frage ich mich, wie es wäre, wenn ich richtig lange Beine hätte, die an den Oberschenkeln nicht aneinanderreiben.

Ich weiß nicht, was das über mich aussagt, aber ich habe noch nie über deine Beine nachgedacht. Sie sind für mich nicht anders als die von Sunny. Ich denke über meinen Körper eigentlich nicht so viel nach, abgesehen davon, dass ich eine bessere Basketballspielerin werden und mein Lauftempo verbessern möchte.

Aber da wir uns gerade alles beichten: Ich hasse es, wie ich auf Fotos lächle. Es ist, als wüsste mein Gesicht nicht, was ein natürlicher Ausdruck ist. Wenn ich ein Foto von mir sehe, zucke ich zusammen. Ich hoffe, ich sehe im richtigen Leben anders aus.

PS: Twix, bitte sag, dass du deine Brüste nicht „kleine Erdbeeren" nennst.

Das ist ja schlimmer als der große rote Zug und Tante Rosa. ☹

Einigen wir uns darauf, unsere Brüste nicht mehr mit irgendwelchem Obst zu vergleichen. Jedenfalls nicht meine (ich kann Melonen echt nicht leiden).

Twix, ich hatte keine Ahnung, dass du dich so siehst. Du wirkst immer so selbstbewusst, was du auch sein solltest. Und Hoops, wenn ich dich auf einem Foto sehe, dann sehe ich nur meine wunderschöne Freundin. Ist es nicht verrückt, dass die Dinge, die wir an uns selbst am wenigsten mögen, von anderen gar nicht bemerkt werden?

Ich finde, dass du auf Fotos völlig in Ordnung aussiehst, Hoops. Aber wenn du magst, kann ich dir ein paar Tipps geben. Winkel und Filter machen den Unter-schied, Süße. Und ab sofort: Kein Body-Shaming mehr! Nur noch einmal schlafen, dann ist es so weit: Der auf-regendste Abend des Jahres steht uns bevor (SCHULBALL!) und wir werden alle UMWERFEND aussehen.

PS: Warum darf ich sie nicht Erdbeeren nennen? Es sind MEINE Brüste!

ERDBEERBRÜSTE
Ein Gedicht von Twix

Meine Erdbeerbrüste
gefallen mir sehr,
sind weder zu leicht,
noch sind sie zu schwer.

Du hast
dich selbst
übertroffen.

Brüste lassen sich
einfach nicht normen.
Es gibt sie in vielen
verschiedenen Formen.

Und alle sind schön,
ob groß oder klein.
Ich mag meine sehr,
denn sie sind ja mein.

ICH WEISS
NICHT SO
RECHT ...

LOL! Ich
stelle mir
Erdbeeren
mit BH vor.

16. Oktober

SCHULBALL!

Happy Dance Day! Nur noch sieben
Stunden, bis es losgeht. Diese sieben
Stunden werden sich anfühlen wie eine
ganze Woche! Ihr übernachtet
anschließend alle bei mir, abgemacht?
Ihr könnt direkt nach der Schule
herkommen, dann bestellen wir etwas
zu essen und machen uns gemeinsam
partyfein. Meine lustige Schwester
lässt uns ihren Kleiderschrank plündern. Sie hat Unmengen an Klamotten.
Sie hamstert sie regelrecht. Außerdem
hat sie in etwa deine Größe, Sunny,
darum sollten dir ihre Sachen passen.
Und das Beste ist, meine Zweitmutter
wird nicht da sein. Niemand wird um
uns rumschleichen und uns ermahnen,
leise zu sein. ICH WETTE, SIE WAR
SELBST NIE JUNG. ←——— ☺

MP, ich habe außerdem jede Menge Zeug,
das dir passen könnte. Ich will nicht
sagen, dass du ein Umstyling brauchst,
aber ich habe ein Teil mit V-Ausschnitt,

das dir wahnsinnig gut stehen würde,
wenn du mir dieses EINE MAL erlaubst,
dich zu stylen. Schließlich ist es ein Ball
und damit die perfekte Gelegenheit,
einen neuen Look zu testen.
BITTE!!!

Das klingt alles toll, aber ich habe Swoosh
gestern Abend versprochen, dass ich mit ihm
zum Ball gehen werde ... bitte nicht böse sein.
Um ehrlich zu sein, macht mich die Verabredung
ganz schön nervös. Ich würde lieber mit euch
abhängen. Meint ihr, es wäre unhöflich, wenn ich
ihm sage, dass ich ihn erst beim Ball treffe?
Oder könnte er mich vielleicht bei dir abholen,
Twix? Nein, lieber doch nicht, dann beobachtet
ihr uns alle von drinnen.

HOOPS, WANN HATTEST DU VOR, UNS DIESE
WICHTIGE INFORMATION MITZUTEILEN?!?
Ich habe dir doch gesagt, sein Verhalten bei MP
war nur ein Ausrutscher, er steht total auf
dich. Natürlich musst du mit ihm zusammen hingehen. Mach dir wegen uns keine Gedanken. Du
kannst nach dem Ball rüberkommen und uns alles
haarklein erzählen. Ich frage mich, wer außer

dir sonst noch mit einem Date aufkreuzt. Ich wette, das sind nicht viele aus unserer Klasse. DAS IST SO AUFREGEND! Twix, ich würde supergern den Schrank deiner Schwester plündern. Davon habe ich schon lange geträumt. Bist du sicher, dass es ihr nichts ausmacht? Wir können viele coole Fotos machen und sie hochladen. Falls der Geigenjunge mich googelt, wird er sehen, wie süß ich bin.

Hurra, Hoops! Ihr seid so ein süßes Paar. Ich stimme Sunny zu, du solltest mit ihm zusammen hingehen. Ich kann diesmal nicht zum Abendessen kommen (oder für ein persönliches Styling, sorry, Twix), weil ich bei der Deko helfe. Aber ich werde fragen, ob ich bei dir übernachten darf. Wir treffen uns alle beim Ball und anschließend machen wir uns einen schönen  Mädelsabend.

Okay! Klingt nach einem guten Plan. Ich glaube, ich bin vor einem Ball noch nie so aufgeregt gewesen. Und garantiert noch nie so nervös. Ich möchte gerne mit Swoosh hingehen, aber irgendwie auch wieder nicht.

Wenn du es nicht machst, wirst du es bereuen. Alles wird gut! Es ist nur ein Ball. Es werden so viele Leute und Aufpasser da sein, dass nichts wirklich Aufregendes passieren kann. Letztes Jahr wurden im Saal nicht einmal die Lichter gedimmt.

Ich kann euch verraten, dass wir dieses Jahr mit Bühnenleuchten aus dem Theatersaal atmosphärische Stimmung zaubern werden. VP hat darauf bestanden.

„VP hat DARAUF BESTANDEN."
Ach ja?

LASS GUT SEIN!

Danke! Ich bin besonders nervös, weil ich wirklich nicht weiß, wie ich mich verhalten soll. Das ist gewissermaßen mein erstes Date (wenn man den Basketball-Abend bei MP nicht mitzählt, der definitiv kein Date war). Mir ist ganz flau. Ich kann nicht unterscheiden, ob es Vorfreude oder Nervosität ist oder vielleicht beides. Ich mag ihn, aber ich weiß nicht, ob ich schon für einen festen Freund bereit bin.

Du schaffst das, Hoops! Es ist das unkomplizierteste Date, das man sich vorstellen kann. Du bist nur am Anfang kurz mit ihm allein und dann mit uns Tamponistas und allen anderen aus der Schule zusammen auf dem Ball. Eigentlich ist es fast so wie bei diesem Gruppendate (oder wie auch immer man den Abend bei MP nennen will), nur dass du diesmal sicher sein kannst, Swoosh eine Weile für dich allein zu haben. Hoffentlich werden einige von uns ZUM TANZEN AUFGEFORDERT. Vielleicht will Swoosh die Sache auch langsam angehen lassen. Ein Grund mehr, warum ihr super zusammenpasst. Ihr könnt euch Zeit lassen und dabei doch ein Paar sein. (Ideal, oder?)

WIR LASSEN
UNS ZEIT
FÜR
DIE LIEBE!

Hast du mich gerade mit einer SCHILDKRÖTE verglichen?

Das ist LIEB gemeint!

Ihr könnt immer nach einer von uns Ausschau halten, falls ihr eine Pause oder etwas Abstand von den Jungs braucht. Ich werde die erste Hälfte des Abends an der Tür sein, später dann am Getränke-tisch. Wir freuen uns immer über helfende Hände. Aber ich bin sicher, dass ihr einen tollen Abend haben werdet!

Warte mal, bedeutet das, dass du den ganzen Abend arbeiten wirst, MP? Ich weiß, dass du gerne Verantwortung übernimmst, aber du solltest auch den Ball genießen können. Er ist für alle gedacht. Wir werden uns ALLE prächtig amüsieren. Was stimmt mit unserer Uhr nicht? Ich schwöre, sie läuft rück-wärts. Wann ist es endlich 15:30 Uhr! Auf uns wartet eine Pizza und wir müssen uns schminken und HERZEN BRECHEN!

19. Oktober

WAS FÜR EIN ABEND! Also, der Ball war einfach episch. Ich weiß gar nicht,

wo ich anfangen soll. Ah, doch ... damit,
wie M „ich denke nicht an Jungs" P beim
letzten langsamen Song mit VP auf
Tuchfühlung gegangen ist. Ich habe
sogar ein Foto gemacht, für den Fall,
dass ich am nächsten Morgen aufwache
und denke, ich hätte es nur geträumt.
Es ist ziemlich verschwommen, aber ich
weiß, was drauf ist!

Oh ja! Das war für mich das Highlight des
Abends. Als VP mich angesprochen hat,
dachte ich schon, er würde MICH zum Tanzen
auffordern. Doch dann hat er mich gebeten,
für MP am Getränketisch einzuspringen, damit sie tanzen kann, und ich habe SOFORT
eingewilligt. Ich glaube, das macht mich zu
deiner guten Fee – oder zu Amor?

PS: Twix, bitte sag deiner Schwester, dass ich
ihr Top waschen und es ihr am Ende der Woche wiederbringen werde. Richte ihr bitte
aus, dass ich sie für eine Mode-Ikone halte.
Ich hätte nichts dagegen, wenn sie mich
adoptieren würde.

Ach, als ob sie merken würde, dass es
fehlt! Was genau ist passiert, MP? Wir
wollten nach dem Ball mit dir chatten,
aber du hast unsere Nachrichten nicht
beantwortet. Du hast doch nicht etwa
jemand Cooleres zum Abhängen gefunden? Jemanden, der männlich, älter und
ebenfalls ein gewähltes Mitglied der SMV
ist? Jemand, der SEHR GUT aussieht? Ich
würde es dir nicht übel nehmen.

Du hast nicht allzu viel verpasst. Wir
haben laut und falsch gesungen, und
Sunny hat Peelingmasken mitgebracht,
die ganz schön gebrannt haben. Was du
allerdings verpasst hast, ist die drama-
tische Wiedergabe der epischen Liebes-
geschichte von Hoops und Swoosh.

Ich kann immer noch nicht glauben, dass ich
euch erlaubt habe, Swooshs Textnachrichten zu
lesen. Die sind persönlich! Ich fühle mich deswegen ganz mies. Solltet ihr ihm jemals davon
erzählen, werde ich behaupten, ihr hättet mir
im Schlaf das Handy gemopst. Nein, ich werde
sagen, ihr hättet mich gefesselt, mir das Handy
gestohlen und mich gezwungen, euch das Pass-

wort zu sagen. Wahrscheinlich werde ich einfach alles leugnen.

Gib doch zu, Hoops, es hat dir gefallen! Du hast dich schiefgelacht. Tu nicht so, als sei Twix' Swoosh-Imitation nicht total glaubwürdig und  gleichzeitig bewegend gewesen. Diese Stimme! Wie sie die Haare zurückgeworfen hat! Wir müssen es für MP noch einmal aufführen. Twix, du solltest fürs Schultheater vorsprechen. Ich weiß, dass du nicht so auf schulische Aktivitäten stehst, aber deine Parodien sind großartig.

Ich muss nicht in irgendeinem lahmen Schulmusical mitspielen, um zu wissen, dass ich ein Star bin. 😜 Können wir darüber sprechen, wie Cheryl Blossom Swoosh direkt vor deiner Nase zum Tanzen aufgefordert hat, als wärst du unsichtbar? Und wie Swoosh geantwortet hat: „Nein, ich bin mit jemandem hier."

Genau genommen hat er gesagt: „Ich bin GEWISSERMASSEN mit jemandem hier."

Kommt aufs Gleiche raus. Das ist es, was Jungs sagen, wenn sie meinen, MEIN DATE IST DIE GÖTTIN, DIE DU HIER SIEHST, DARUM HABE ICH KEINE AUGEN FÜR JEMAND ANDEREN, BESONDERS NICHT FÜR DICH, CHERYL BLOSSOM.

(Klar, er hätte sie nicht Cheryl Blossom genannt. Wir sind die Einzigen, die sie so nennen.)

Ich enttäusche euch ungern, aber es war einfach nur dieser eine Tanz, sonst nichts. Ich hatte überhaupt nicht vor, mit jemandem zu tanzen, aber Sunny, du warst so aufgeregt und VP stand direkt vor mir, da wäre es gemein gewesen, Nein zu sagen. Es war ganz nett, aber da läuft nichts. Ich stehe immer noch nicht auf ihn. Es tut mir leid, dass ich euch nicht Bescheid gesagt habe, aber ich habe mich nicht gut gefühlt und bin direkt nach Hause gegangen. Wie schade, dass ich diese epische Pyjamaparty verpasst habe. Nächstes Mal bin ich wieder dabei.

Twix, was ist mit Dimples auf dem Ball passiert? Ich habe gesehen, wie du mit ihm getanzt hast (ziemlich eng, wie ich hinzufügen möchte). Kommt ihr wieder zusammen? Was ist mit Fifteen?

Ich bin nicht OFFIZIELL mit Fifteen zusammen, darum kann ich tanzen, mit wem ich will! Ich hatte gar nicht vor, mit Dimples zu tanzen, aber ich war enttäuscht, dass Fifteen nicht gekommen ist, und dann wurde unser Lied gespielt und wir haben uns einfach gefunden.

Es war schön, bis Mr M rief: „ZU ENG! ZU ENG!" Das war furchtbar peinlich und hat überhaupt nicht gestimmt. Ich glaube, Dimples wäre gerne wieder mit mir zusammen, aber ich habe fast nur an Fifteen gedacht.

Oh doch!

NICHT JUGENDFREI!

😋

Äh, wir wissen, wie besessen du von Fifteen bist. Du hast den halben Abend auf dein Handy gestarrt. Das hat ein bisschen genervt, um ehrlich zu sein.

Wir haben ALLE auf unsere Handys gestarrt! Was ist mit den ganzen Nachrichten von Swoosh? Warum ist das

okay, aber nicht, dass ich mit Fifteen texte?

Weil das mit Swoosh eine Gruppensache war. Wir haben alle mitgemacht. Es war keine supergeheime Privatunterhaltung. Bei dir hat es sich angefühlt, als würdest du lieber mit älteren, cooleren Leuten abhängen und uns nur dulden. Irgendwann dachte ich sogar, du würdest uns sitzen lassen, um dich mit denen zu treffen.

So war es aber nicht. Ich hatte super-viel Spaß. Sunny, du machst dir zu viele Gedanken. Tut mir leid, wenn ich abge-lenkt war, aber das mit Fifteen ist noch ganz frisch. Er antwortet manchmal echt lange nicht, und wenn er online ist, muss ich sofort reagieren, bevor er wie-der verschwindet, weißt du.

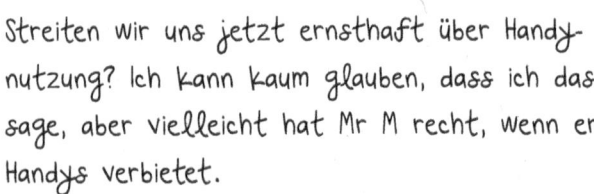

Streiten wir uns jetzt ernsthaft über Handy-nutzung? Ich kann kaum glauben, dass ich das sage, aber vielleicht hat Mr M recht, wenn er Handys verbietet.

NEUE TAMPON-REGEL - KEINE HANDYS
AUF PYJAMAPARTYS! Oder wir haben
spezielle Handyzeiten und danach legen wir sie
weg.

Die Idee gefällt mir.

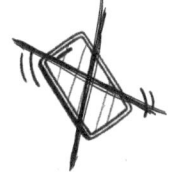

ABGEMACHT!

Schön, aber dann ist es erlaubt, das
Handy einmal die Stunde zu checken,
okay? Ich bin SEHR wichtig und beliebt.
Sunny, wie war deine erste Stunde in
Musiktheorie? Geht da was zwischen dir
und dem Geigenjungen? Hast du seine
Nummer?

Es war ehrlich gesagt eher enttäuschend.
Besonders nach dem epischen Freitagabend.
Ich kam zu spät, und der einzige Platz, der noch
frei war, war am anderen Ende des Tisches, weit
weg vom Geigenjungen. Wir konnten nicht einmal
miteinander reden. Ich habe ein paarmal ver-

sucht, Blickkontakt aufzunehmen, aber dazu
musste ich mich vorbeugen und den Hals stre-
cken, um ihn überhaupt zu sehen, und das war
sehr auffällig. Das nächste Mal werde ich
möglichst früh hingehen und bei den Snacks
herumhängen, bis er kommt, dann können wir

nebeneinandersitzen.

PS: Selbst die Snacks waren langweilig. Immerhin
etwas, das ich in Ordnung bringen kann. Nächste
Woche heißt es: Sunnys Snack-Upgrade!

20. Oktober

Frohen Dienstag, ihr Tamponistas! Die
heutige Frage lautete: Tut Sex beim
ersten Mal weh?

Wenn ich eine Frage in die Box werfen
würde, dann wäre es vermutlich genau
diese. Ich bin mir nicht sicher, ob die
Antwort von Mrs A mich beruhigt, aber
es ist schön zu wissen, dass ich nicht die
Einzige bin, die sich deswegen Gedanken
macht. ☺

Geht mir auch so. Wenn man mal genauer darüber nachdenkt – diese ganze „P in V"-Aktion, wie Twix sagen würde –, dann scheint es logistisch unmöglich. Wie soll das passen? Ich habe noch nicht mal den Mut zusammengerafft, Tampons auszuprobieren, und die sind deutlich kleiner als ein Penis. Wie lautete die Antwort?

Mrs A sagte, es müsse nicht unbedingt wehtun, und falls doch, dann bräuchte man mehr Lubrikation, also Feuchtigkeit. Die Vagina erzeugt ihre eigene Gleitflüssigkeit, und wenn man „erregt ist" (ihre Worte, nicht meine), dann werden die Schleimhäute feucht und der Penis gleitet leichter hinein.

Hattest du jemals so etwas wie einen erotischen Traum oder hast etwas Erregendes gelesen und bist dabei im Schritt feucht geworden? Laut Mrs A ist das die Art, wie deine Vaggy dir sagt, dass sie bereit ist. Oder zumindest interessiert. Mrs A sagte, die Vagina wird von einem Muskelsystem unterstützt und kann sich

NICHT von Mrs A

IST KLAR!

dehnen und zusammenzuziehen, sodass
ein Penis hineinpasst oder ein Baby
geboren werden kann. Das ist fast
schon eine Superkraft!

Kaum zu fassen, dass wir darüber reden, aber ich
weiß genau, was du meinst. Es ist so peinlich, dass
man das in der Unterhose sieht. Ich wasche meine
Wäsche seit einiger Zeit selber, damit meine Eltern
es nicht mitbekommen.

Mir passiert es auch. Ich habe mir schon
Sorgen gemacht und befürchtet, dass mit
mir etwas nicht stimmt. Ich wusste nicht,
dass es jedem Mädchen passiert. Es ist aber
nicht viel. Das kommt vielleicht daher, dass ich
meine Periode noch nicht habe. Was, wenn
mein Körper nicht genug Feuchtigkeit
erzeugt? Bedeutet es, dass ich beim Sex
immer Schmerzen haben werde?

Mrs A sagte, es kann beim ersten Mal unangenehm sein, aber es sollte nicht wirklich wehtun.

Und dass es bei den meisten Frauen besser wird, sobald sie ihren Körper besser kennen. Dann hat sie über Das Große M. gesprochen.

Ich weiß nicht, was das bedeutet. Schließlich bin ich nicht dabei.

HOOPS meint MASTURBATION. MRS A sagte, sich selbst zu berühren, wäre eine ganz normale Sache, die einem dabei hilft, seinen eigenen Körper zu verstehen und auszuprobieren, was sich gut anfühlt. Es könnte sein, dass du ganz andere Dinge magst als Sunny. Wenn du weißt, was sich gut anfühlt, kannst du es deinem Partner sagen und ihr werdet den Sex mehr genießen.

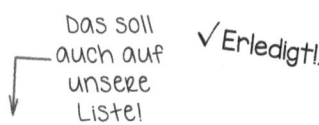

Das soll auch auf unsere Liste!

✓ Erledigt!

Ja, ich meinte Masturbation. Muss mich an die Begriffe erst gewöhnen. Ich habe im Laden mal befeuchtete Kondome gesehen, aber nicht wirklich verstanden, was es damit auf sich hat. Bis jetzt. Und bevor ihr fragt, warum ich in der

Abteilung war: Swiftie hat mich dazu herausge-
fordert, dort auf einer Kondompackung alles
durchzulesen, auch die Rückseite.

OMG, wie witzig! Swiftie ist so eine freche
kleine Unruhestifterin. Wurdest du erwischt?
Was hast du gemacht?

Wichtiger ist die Frage: Was hast du
über Kondome erfahren? 😊

Ha ha ha, nicht viel! Es waren zwölf Stück in
der Packung, sie waren befeuchtet und genoppt
„für zusätzliche Stimulation". Frag mich bitte
nicht, was das bedeuten soll. Und sie haben ein
Verfallsdatum.

Mrs A hat gesagt, wenn man nicht hundertprozentig bereit ist oder sich unbehaglich fühlt,
dann wird sich die Vagina nicht entspannen oder
nicht feucht genug werden, und darum kann es
manchmal wehtun. Deswegen sollte man nur mit
jemandem Sex haben, bei dem man sich wohl-
fühlt, und nur dann, wenn man wirklich dazu
bereit ist.

UND IN DEM MOMENT begann Sunny
zu kichern, hat sich entschuldigt, weil sie
auf Toilette muss, und ist förmlich aus
dem Raum gestürmt.

TUT MIR LEID, ICH KONNTE MICH NICHT
BEHERRSCHEN! Ich habe mir irgendwie vorgestellt, wie die Vagina sich entspannt, als wäre sie
in einem Spa. Vor meinem geistigen Auge sah ich
flauschige weiße Bademäntel und Longdrinks, und
da bekam ich einen Lachkrampf. Wie peinlich! Was
sollen die anderen nur von mir denken? Dass ich
im Unterricht ERREGT war? Ich lache wirklich
in den UNPASSENDSTEN Momenten.

Ich glaube nicht, dass allzu viele mitbekommen
haben, dass du lachen musstest. Sie dachten
vielleicht, du müsstest ganz besonders dringend
auf die Toilette. Oder dass dir das Thema unangenehm ist.

Ich merke, wie ich rot werde, wenn ich die
Szene in Gedanken noch einmal durchspiele.
Mein Körper ist so eine Petze. Lasst uns über
etwas anderes sprechen.

Gut, ich wollte euch nämlich um eure Meinung zu etwas bitten. Haltet ihr es für ein schlechtes Zeichen, dass Fifteen sich seit Freitag nicht bei mir gemeldet hat? Ich meine, was hat er am Wochenende denn Wichtiges gemacht, dass er meine Nachricht nicht beantworten konnte? Schließlich war kein Unterricht.

Ich bin sicher, dass es nichts bedeutet. Vielleicht war er sehr beschäftigt oder er schreibt nicht gern. Vielleicht einfach darauf warten, dass er auf dich zugeht. Falls er nicht sieht, wie wunderbar du bist, ist er nicht gut genug für unsere Twix!

Buh, Fifteen! Ich dachte, ältere Jungs wären reifer und würden verlässlich auf Nachrichten antworten. Aber ich habe auch keinerlei Erfahrungen in dieser Hinsicht.

Na ja, ich werde mir deswegen nicht groß Gedanken machen. Es gibt viele Jungs auf der Welt (zum Beispiel Dimples!). Ich werde für uns eine großartige

Gute-Laune-Playlist OHNE Liebeslieder und OHNE männliche Künstler erstellen. Die können wir uns beim Mittagessen anhören und uns daran erinnern, wie fantastisch wir sind.

OMG! Ja! Dürfen wir Vorschläge einreichen?

Manchmal ist Swoosh auch abgelenkt und antwortet mir nicht sofort. Vielleicht hat Fifteen einen Teilzeitjob. Oder es war eine Familienangelegenheit. Wenn wir bei meinen Großeltern sind, erlauben mir meine Eltern nicht, das Handy zu benutzen.

PS: Wie willst du denn diese Playlist erstellen? Du solltest doch dein Handy gar nicht dabeihaben.

„Solltest nicht" ist kein eindeutiges Verbot. ☺

Kein Problem. Mr M sieht nicht einmal in meine Richtung. Ich bin nicht gerade seine Lieblingsschülerin. In seinen Augen bin ich ein hoffnungsloser Fall und existiere quasi nicht. Also kein Problem. Sunny, keine Sorge, ich weiß, was du gerne hörst, und verspreche dir, dass mindestens zwei Songs von Taylor Swift auf die Liste kommen. Die Super+-Tampon-Playlist wird die beste Playlist aller Zeiten. Für jede von uns wird etwas dabei sein.

Super+ TAMPON. KLASSE.

„Diese Playlist ist extra saugfähig."

"Wenn du die Super+-Playlist hörst, hast du ein sauberes und sicheres Gefühl, das dir Flügel verleiht!"

LOLOLOL

Leider habe ich ein SMV-Treffen. Dabei wäre ich so gerne beim Mittagessen mit euch zusammen! Ich brauche Zeit mit meinen Mädchen, und eine aufbauende Playlist käme mir jetzt gerade recht. Es passiert gerade so viel. Manchmal kommt es mir vor, als könnte ich gar nicht Schritt halten.

Und das aus dem Mund unseres Genies! Du nimmst diesen ganzen Schulkram viel zu ernst, MP. Du solltest öfter chillen. Schwänze das Treffen und lass dir von der Super+-Tampon-Playlist die Sorgen wegblasen. Wir tauschen uns fast nur noch im Tagebuch mit dir aus, und das zählt nicht wirklich. Außerdem warst du nicht auf der Pyjama-Party. Wir brauchen dringend ein bisschen Quality Time! 😊

OMG, ja, kannst du es sausen lassen? Es ist doch nur ein Treffen. Du fehlst uns. Ohne dich ist es nicht dasselbe. Sag den anderen in der SMV, dass du dich nicht gut fühlst oder dass du deiner allerbesten Freundin Sunny Nachhilfe geben musst, damit sie ihren Mathetest nicht verhaut und ihre sämtlichen „sozialen Privilegien verliert" (wie meine Mom sagen würde).

PS: Aber im Ernst, wir treffen uns doch nach wie vor morgen nach der Schule in der Bibliothek? Ich darf den Test auf keinen Fall versemmeln!

Wisst ihr was? Das mache ich! Danika verpasst manchmal ein Treffen, weil sie im Chor singt. Warum sollte ich nicht auch mal fehlen? Die wissen ja nicht, dass ich KEINE anderen Verpflichtungen habe. Obwohl ich ungern lüge. Vielleicht sollte ich einfach nicht hingehen und hoffen, dass niemand nach dem Grund fragt.

Und Sunny, keine Sorge, ich habe dich für morgen in meinen Terminkalender eingetragen und kleine Sonnen und Herzen drum herum gemalt. Du wirst diesen Test bestehen!

He, wer bist du, und was hast du mit dem Mädchen gemacht, das im Nachbarhaus wohnt? Ich mache Witze, aber ich bin überrascht. Ich stimme Sunny zu. Ich glaube kaum, dass ein einzelnes Treffen so wichtig ist. Jetzt freue ich mich noch mehr auf die Mittagspause.

21. Oktober

OMG, jetzt geht es wieder los mit Internetsicherheit! Was glauben die? Dass wir in den Neunzigern geboren wurden? Ich glaube, Mrs A hat keinen Plan von der

Hälfte der Sachen, über die sie redet. Würdet ihr einem Jungen ein Foto von euch schicken?

Du meinst ein sexy Foto? Nein. Ich käme mir blöd vor. Ich kann mir nicht einmal vorstellen, dafür zu posen. Ich würde wahrscheinlich lachen oder mein seltsames Fotogesicht machen. Bah! Warum sieht das so bescheuert aus?! Außerdem: Was, wenn der Junge, dem ich es geschickt habe, es herumzeigt?

Ich liebe dein Gesicht! Es ist wunderschön! Ich würde vielleicht ein Foto schicken, wenn ich dem Jungen wirklich vertraue und wir offiziell zusammen sind. Wobei es darauf nicht viel zu sehen geben würde.

Sunny, hör auf, dir wegen deiner Brüste Gedanken zu machen. Beim Fotografieren kommt es sowieso nur auf den richtigen Winkel an. Oder du könntest einen anderen Teil deines Körpers fotografieren. Es muss nicht immer das Dekolleté sein.

Ich würde es auf jeden Fall tun, weil ich mich dann gut fühle: Schau mal, was für ein tolles Foto du von mir bekommst, du kannst dich glücklich schätzen, dass ich es mit dir teile. Ich habe auch Fifteen Fotos geschickt. Nicht allzu sexy, vor allem Fotos von mir in dem blauen Top, das ich so liebe und in dem ich total süß aussehe. Ihr wisst, welches ich meine. Ich habe es auf dem Ball getragen.

PS: Er hat mir endlich geantwortet. Er sagte, sein Wochenende sei „total voll" gewesen, was auch immer das bedeuten soll. Also alles in Ordnung.

Swoosh und ich schicken uns auch Fotos. Nichts Erotisches, nur Fotos davon, wo wir sind und was wir gerade machen.

Tut mir leid, dass es so lange gedauert hat, bis ich das Tagebuch weitergebe, aber ich habe laut nach Luft geschnappt, als ich deinen Eintrag gelesen habe! Bowtie hält mich jetzt für total durchgeknallt, und ich fürchte, Mrs A hat mich auch gehört, darum musste ich den TampON

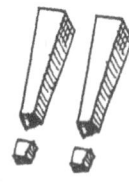

weglegen und so tun, als würde ich gerade an etwas anderes denken als an HOOPS, DIE SWOOSH SEXY FOTOS SCHICKT. Aber wie soll ich auch reagieren, wenn ich erfahre, dass meine besten Freundinnen Sexting betreiben!

Aber das tun wir doch gar nicht! Es sind normale Fotos, kein bisschen sexy. Ich kann dir die Fotos in der Mittagspause zeigen. Da sieht man zum Beispiel, wie Swoosh auf dem Heimweg alberne Grimassen schneidet. Das meiste ist langweilig, aber irgendwie auch süß. Wir versuchen vor allem, uns gegenseitig zum Lachen zu bringen.

Das bedeutet wohl, dass es mit Swoosh gut läuft! Ich wusste, dass er dich mag. Aber hast du keine Angst, dass die Sache eskaliert und er dich um gewagtere Fotos bittet? Wie wirst du dann Nein sagen?

Einfach so: Nein! Außerdem glaube ich nicht, dass Swoosh mich um so etwas bitten würde. Er ist echt süß. Ich mag ihn jeden Tag ein bisschen mehr. Und falls er denkt, ich hätte ein „doofes Fotogesicht", lässt er es sich nicht anmerken.

Das kommt daher, dass du keines hast, du Göttin! Meine Fotos zählen auch nicht als sexy. Ich würde sie jederzeit auf Insta posten und dafür keinerlei Ärger bekommen. Außerdem habe ich ECHT GUT ausgesehen. Warum soll ich nicht stolz sein auf ein echt schönes Foto? Das ist mein Körper. Es ist meine Sache, mit wem ich ihn teile!

Aber was, falls ihr Schluss macht und er sich als Mistkerl entpuppt und dir droht, das Foto herumzuzeigen?

Das wäre Erpressung und ich würde ihn bei der Polizei anzeigen. Oder mit einer Sozialarbeiterin sprechen oder so.

Selbst wenn es bedeutet, dass du ihnen von dem Foto erzählen müsstest? (Oder schlimmer noch: es ihnen zeigen!!!) Ich weiß nicht, ob ich das könnte.

 Dann würdest du es ihm also durchgehen lassen, wenn er sich wie ein Idiot verhält?

Bei euch klingt es so einfach! Aber ich bin nicht so mutig wie ihr. Manchmal ist es schwer, Nein zu sagen, besonders wenn man von jemandem gemocht werden will.

Ach übrigens: Ich weiß, es wird etwas langweilig und es werden überwiegend kleine Kinder dabei sein, aber kommt ihr zu meiner Aufführung am Einunddreißigsten? Da ist zwar Halloween, aber das Konzert beginnt um 14.30 Uhr und dauert nur eine Stunde. Außerdem gibt es Snacks!

Natürlich kommen wir, egal ob es Snacks gibt oder nicht! Mit Snacks ist es umso besser. Machst du auch welche? (Bitte sag Schokoriegel!)

Ich würde mir niemals die Chance entgehen lassen, den Geigenjungen persönlich zu sehen. Er wird doch auch da sein, oder? Vielleicht werde ich mich ihm vorstellen. 😜

Ich werde auf jeden Fall Snacks mitbringen.
Und, JA, der Geigenjunge wird da sein, und
NEIN, Twix, du darfst ihn auf keinen Fall
ansprechen. Das würde ich nicht überleben.
Man erkennt ihn ganz einfach, denn er ist der
Star der Show. Und er ist der süßeste Junge
von allen, also keine Verwechslungsgefahr.

22. Oktober

(Sunnys letzter Tag in Freiheit)

MP, wo warst du gestern? Ich habe in der Bibliothek zwanzig Minuten lang auf dich gewartet.
Ich mache mir wegen des heutigen Tests große
Sorgen. Falls ich durchfalle, darf ich überhaupt
nichts Lustiges mehr unternehmen. Ich darf
dann weder zu Pyjamapartys gehen noch zu Hal-
loweenpartys oder zu Hoops' Basketballspielen.
Ich muss die ganze Zeit Mathe büffeln. Euch
bekomme ich dann nicht mehr zu sehen.

Es tut mir wahnsinnig leid, Sunny! Ich habe es total
vergessen. Ich habe in einem Treffen festgesteckt.
Ich weiß, das ist keine Entschuldigung und es tut
mir wirklich aufrichtig leid. Wie kann ich es wieder-
gutmachen?

Was für ein Treffen? Es sieht dir nicht ähnlich, etwas zu vergessen. Ich glaube, du verstehst nicht, wie schwer mir die Schule fällt. Ich bin nicht so ein Supergenie wie du. Du lernst ständig, dabei hättest du es ironischerweise gar nicht nötig.

Ich glaube, ihr habt keine Ahnung, wie schlecht meine Noten sind. Nicht alle Noten, aber verdammt viele. Ich schäme mich, sie euch zu verraten, weil ihr mich sonst vielleicht für dumm haltet und nicht mehr mit mir befreundet sein wollt. ☹

Hör mal, ich mache Freundschaften doch nicht an Schulnoten fest. Wie kannst du das denken? Wen kümmert die Schule! Das ist nur eine vorübergehende Aufbewahrungsanstalt für Kinder. Das wahre Leben beginnt nach der Schule, wenn man erwachsen ist. Es gibt eine Menge Leute, die supererfolgreich sind, aber in der Schule Totalversager waren. Heißt es nicht, Einstein sei in Mathe durchgefallen? Und er ist wirklich ein Genie! Vielleicht bist du ein heimliches Mathegenie, Sunny, und die Schule bremst dich komplett aus.

Mich bremst sie zu hundert Prozent aus, darum werde ich mich nach der Mittagspause mit Fifteen treffen und Französisch schwänzen.

PS: Nicht weitersagen!

Ich glaube, du weißt, wie ich übers Schwänzen denke, Twix, darum schreibe ich jetzt nichts dazu. Und als fürsorgliche Freundin, die findet, dass du nur das Beste verdient hast, muss ich dir sagen, dass ich mir nicht sicher bin, ob ich diesen „Fifteen" mag. War das seine Idee? Er hat dir das ganze Wochenende lang nicht geschrieben, und dann, wenn er sich endlich meldet, will er, dass du den Unterricht schwänzt? Er scheint mir keinen guten Einfluss auf dich zu haben. Selbst Dimples würde niemals schwänzen!

PS: Sunny, es tut mir so leid. Ich kann dir gar nicht sagen, wie leid es mir tut, du musst es mir einfach glauben. Ich kann in der Mittagspause mit dir lernen, versprochen.

Ich kann auch helfen! Meine Noten sind nicht so gut wie die von MP, aber sie sind okay. Wir können unseren eigenen Mini-Matheclub gründen. Das wird bestimmt lustig.

Niemand hält dich für dumm, Sunny. Du bist in vielen Sachen gut - nur eben nicht in Mathe. Und der aktuelle Stoff hat es echt in sich. Ich werde vermutlich in Französisch durchfallen, falls dich das beruhigt.

Ich kann nicht fassen, dass du wirklich schwänzen willst, Twix. Was wirst du sagen, wenn dich jemand sieht? Wo werdet du und Fifteen hingehen? Kommst du rechtzeitig zum Mathetest zurück? Nein, sag es mir nicht. Ich möchte nicht lügen müssen, falls mich jemand fragt, wo du bist. Ist mir egal, ob du schwänzt. Ich will nur nichts damit zu tun haben.

Ach, JETZT mögt ihr Dimples plötzlich? Immer mit der Ruhe, niemand wird euch verhören oder euch auf die Bibel schwören lassen. Ich werde euch einfach HINTERHER erzählen, dass ich mich mit ihm in der Milchbar zum Mittagessen getroffen habe (also in seiner Mittagspause, wenn wir unsere sechste Stunde haben). Ups, sorry! ☺

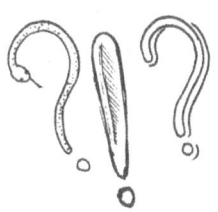

Und es ist ja nicht so, als würden wir in Französisch gerade etwas Wichtiges durchnehmen. Könnte sein, dass ich den Mathetest verpasse. Das hängt davon ab, wie es mit Fifteen läuft und wie lange er mit mir abhängen will. Es ist nur ein einziger Test. Mr M wird mich eine Nachholarbeit schreiben lassen, die vermutlich sogar leichter sein wird. Wieso ist es in Ordnung, wenn MP in Sexualkunde fehlt, aber nicht, wenn ich das vermutlich nutzloseste Fach von allen verpasse (womit ich die Franzosen und ihre Sprache nicht beleidigen will)?

Ich mache mir Sorgen, dass ich durchfalle, und du kommst vielleicht gar nicht erst zum Test. Befürchtest du nicht, die Schule könnte deine Mom anrufen? Meine Mom würde mich umbringen, wenn sie mitbekäme, dass ich schwänze. Danach würde sie mich wiederbeleben, nur um mich noch einmal zu bestrafen. VERMUTLICH MIT MATHEAUFGABEN.

Danke, dass ihr eure Mittagspause damit vergeuden wollt, mir beizubringen, wie man beknackte Integralfunktionen in ein Koordinatensystem zeichnet. Ich habe sogar von Mathe geträumt. Und zwar, dass der Test in einer völlig bescheuerten Fremdsprache verfasst war, die nur aus Gekritzel bestand. Es hat sich total echt angefühlt.

Lass dich von deinen Träumen nicht stressen, Sunny. Es sind einfach nur Träume, sie sind nicht real. Es ist kein Zeichen dafür, dass du durchfallen wirst. Wir gehen den Stoff gemeinsam so oft durch, bis du dich sicher fühlst und beim Test alles noch frisch im Gedächtnis hast.

Tatsächlich kann man viel aus seinen Träumen lernen. Das Unterbewusstsein spricht durch sie zu einem. Ich habe ein Buch über Traumdeutung gelesen und anscheinend kann man nicht farbig träumen. Und man kann in einem Traum nicht sterben, weil das bedeutet, dass man im wahren Leben stirbt. Sunny, in deinem Fall ist die Bedeutung des Traums ziemlich offensichtlich. Der Test stresst dich. Ich wünsche, ich könnte dir etwas von meinem Talent abgeben, mir Dinge am Allerwertesten vorbeigehen zu lassen.

Aha, du hast deine Leseliste erweitert. Neben sexy Jugendromanen jetzt auch Traumdeutung, also scheinen dir deine Ziele und somit die Schule doch nicht ganz am A... vorbeizugehen, Twix. Ich kann immer noch nicht fassen, dass du den Unterricht schwänzt. Die Schule macht vielleicht nicht immer Spaß, aber deswegen ist sie nicht unwichtig. Soll das etwa zur Gewohnheit werden?

PS: Bist du sicher, dass man nur schwarz-weiß träumt? Ich könnte schwören, dass ich farbig träume.

Ich auch! Ich schwöre, in meinem Traum waren die Linien im Koordinatensystem knallrot, das sah richtig aggressiv aus. Nun ja. Viel Spaß, Twix. Ich verspreche, es niemandem zu verraten. Oh, und ich habe heute Abend Musiktheorie (wurde verlegt wegen der Aufführung – ihr kommt doch wie geplant, oder?), also ist bei mir heute Mathe-total-Tag – ätzend!

Aber das heißt, dass du heute Abend den Geigenjungen siehst! Außerdem weißt du nicht, wie du im Mathetest abschneiden wirst. Unterschätze MP und mich nicht. Wir sind geniale

Nachhilfelehrerinnen. Also ehrlich, für jemanden, der sich Sunny nennt, verhältst du dich
ziemlich negativ. Wir müssen dich wohl von
jetzt an Gloomy nennen.

PS: Denk bloß nicht, mir wäre nicht aufgefallen, dass du dich heute schicker
angezogen hast. Das machst du jedes Mal,
wenn du Musikunterricht hast. Du siehst
klasse aus, Sunny!

23. Oktober

Ich hatte recht. Gestern war der schlimmste
Tag meines Lebens. Nicht nur, dass ich den Test
vermutlich versaut habe (sorry, es lag nicht an
eurer Nachhilfe, ich bin einfach nur zu blöd),
obendrein hätte ich gestern Abend beinahe den
Geigenjungen umgebracht!!!

Also, im Musikkurs gab es letztes Mal diese
grässlichen, trockenen Ingwerdinger (sie ver-
dienen es nicht, Kekse genannt zu werden),
also habe ich mir überlegt, diesmal meine eigenen Kekse mitzubringen. Einerseits wollte ich
die Snacksituation verbessern, andererseits

wollte ich dem Geigenjungen zeigen, dass ich manche Sachen gut kann, vor allem backen. Also habe ich einige meiner weichen Ingwercreme-Kekse mitgebracht, damit der GJ sieht, wie ein richtiger Ingwerkeks schmeckt. In der Pause hat der GJ in einen meiner Kekse gebissen und ein seltsames Gesicht gemacht. Ich dachte, die Kekse wären vielleicht zu trocken oder so, aber dann ist mir eingefallen, dass ich einige daheim probiert hatte, und es waren – in aller Bescheidenheit – so ziemlich meine gelungensten Kekse bisher. Dann sagte er: „Sind das die Kekse, die ich mitgebracht habe?" Ich sagte: „Nein, die habe ich gemacht." Und dann wurde er ganz zittrig und fragte, ob sie glutenfrei sind, DENN ER LEIDET AN ZÖLIAKIE!!!

Anscheinend waren die trockenen Ingwerdinger seine ganz speziellen glutenfreien Kekse! Er ist zur Toilette gerannt, vermutlich um meinen VERGIFTETEN KEKS auszuspucken, dann hat er seine Mutter angerufen und musste sofort weg. Nachdem er fort war, hat unsere Musiklehrerin uns einen kleinen Vortrag über Nahrungsmittelsicherheit gehalten. Er war an alle gerichtet, aber es war offensichtlich, dass sie mich gemeint hat. Ich war schließlich die Einzige, die

eine ganze Tupperdose voller
GIFTKEKSE mitgebracht hat.

Die reinste
SHAKESPEARE–TRAGÖDIE!
↑
NICHT
HILFREICH

Ich war am Boden zerstört! Das habe ich doch
nicht gewusst. Was, wenn er ins Krankenhaus
musste? Er könnte GENAU JETZT immer noch
dort sein. Ausgerechnet IHN habe ich vergiftet.
Hätte es nicht irgendein beliebiges anderes Kind
sein können? Ich weiß, das ist nicht nett, aber
trotzdem: Warum den GEIGENJUNGEN? Mein
größtes Talent ist jetzt der Grund dafür, dass
ich den einen Jungen, den ich wirklich mag, beinahe UMGEBRACHT habe.

Oh nein, Sunny, das ist ja entsetzlich. Es tut
mir so leid. Aber vielleicht hilft es dir, wenn
ich sage, dass er bestimmt nicht ins Krankenhaus musste. Meine Mom ist glutenintolerant,
was natürlich nicht so schlimm ist wie Zöliakie,
aber du hast ihn auf keinen Fall umgebracht.
Wenn Mom etwas Glutenhaltiges isst, bekommt
sie Blähungen und ziemlich böses Bauchweh.
Manchmal übergibt sie sich oder bekommt Ver-
stopfung, und einmal hatte sie einen üblen
Durchfall, aber es war nie lebensbedrohlich und
sie musste auch nie ins Krankenhaus. Er hatte
doch nur einen kleinen Bissen genommen und

165

gleich wieder ausgespuckt, nicht wahr? Er wird auf keinen Fall sterben.

NA TOLL, JETZT BIN ICH DAS MÄDCHEN, DAS IHM DURCHFALL BESCHERT HAT! Wie romantisch. Er wird nie wieder mit mir reden. Das ist auch gut so, denn ich könnte ihm nicht mehr in die Augen schauen. Nun ja, jetzt brauche ich zumindest nicht mehr in Musiktheorie zu gehen. Können wir bitte, bitte über etwas anderes sprechen?

Sunny, es tut mir so leid! Das klingt wirklich schlimm. Manche Tage sind einfach so. Aber du solltest dir keine Vorwürfe machen, schließlich konntest du ja nicht wissen, dass er an Zöliakie leidet. Eigentlich hätte eure Musiklehrerin schon viel früher etwas über glutenfreie Snacks sagen sollen. Bestimmt ist er wieder okay. Vielleicht solltest du ihm eine Genesungskarte zeichnen, das kannst du doch so gut.

Okay, aus Rücksicht auf Sunnys wirklich schlimmen Tag wechseln wir jetzt das Thema. MP, was läuft mit VP? Und bevor du „Nichts" sagst -

wir haben dich alle auf dem Ball gesehen, und
am Donnerstag habe ich bemerkt, wie ihr gemeinsam aus dem SMV-Raum gekommen seid, nur ihr
zwei. Und du bist rot geworden. RAUS MIT DER
SPRACHE!

Warte mal, DIESEN Donnerstag? Hast du deswegen vergessen, mir Nachhilfe zu geben? Weil du
dich mit VP getroffen hast? Du hast mich für
einen Jungen sitzen lassen. Kaum zu fassen, das
passt gar nicht zu dir.

ICH WUSSTE ES! JA! NUR ZU! VP sieht viel
zu gut aus, das muss selbst jemand
merken, der so vernünftig ist wie du, MP!
Das erinnert mich daran, wie Hoops stur
behauptet hat, zwischen ihr und Swoosh
würde nichts laufen, und jetzt seht sie
euch an: Dancing, Kissing, Sexting!

DAS WAR KEIN SEXTING

Was soll das heißen, du hast uns gesehen? Hast du
mir nachspioniert? Kann ich nicht mit Jungs reden,

ohne dass es gleich etwas bedeutet?
Wir sind gemeinsam in der Schülermitverwaltung,
natürlich müssen wir da miteinander reden, und ja,
manchmal verlassen wir gemeinsam einen Raum.
Ich bin nicht so verrückt nach Jungs wie ihr alle
und nicht jede Begegnung ist eine Gelegenheit zum
Küssen.

Hey, immer mit der Ruhe. Wer hat gesagt, dass
wir verrückt nach Jungs sind? Und ich habe dir
nicht nachspioniert, ich war im Flur. Es ist nicht
verboten, sich während der Mittagspause im Flur
aufzuhalten. Außerdem bist du definitiv rot
geworden. Es war so süß! Es ist völlig in Ordnung, verknallt zu sein, MP!

Ich weiß nicht, was du glaubst, gesehen zu haben,
Hoops, aber es war weder romantisch noch
skandalös, es ging um normale Schulangelegen-
heiten. Einige von uns arbeiten nämlich richtig
hart, um schöne Sachen wie den Schulball und
das Jahrbuch auf die Beine zu stellen, und alle
verdrehen über uns nur die Augen und behandeln
uns wie Streber. Das nervt.

Wer hat denn etwas Negatives über die SMV oder das Jahrbuch geäußert? Ich liebe das Jahrbuch. Ich habe doch nur gesagt, dass ich zwischen euch beiden eine Anziehung gespürt habe, und es war cool. Tut mir leid, dass ich mich für meine Freundin interessiere.

Bitte nicht streiten! Meine Aufführung ist bald und ich bin deswegen schrecklich nervös und sehr empfänglich für die Stimmungen anderer Menschen. Ich habe gelesen, dass man von Stress Pickel bekommt, und das hier stresst mich sehr, und ich brauche NICHT NOCH MEHR HAUTPROBLEME, vielen Dank. Zwischen VP und MP läuft nichts, fertig! Können wir uns meiner Haut zuliebe einfach umarmen und über etwas anderes sprechen? xoxoxo

Ist die Aufführung nur für geladene Gäste oder kann ich noch jemanden mitbringen? Ich könnte Fifteen einladen, und dann würdet ihr alle sehen, dass er keinen schlechten Einfluss auf mich hat. Ich bin sogar rechtzeitig zum Mathetest wieder zurück gewesen, habe die Arbeit aber auf jeden Fall verhauen (du bist also nicht die Einzige, Sunny). Aber falls der Geigenjunge WIRKLICH SO SÜß ist, sollte ich Fifteen vielleicht sitzen lassen und allein kommen – für den Fall, dass der GJ mein Kuss Nummer 5 ist (oder Nummer 6, wenn ich den Kinnküsser mitzähle).

PS: Ich mache natürlich nur Witze.

Kein Kommentar.

DU WEISST, WIE ICH DAS HASSE!!!

Hi, Mädchen,

ich finde es wunderbar, dass ihr schreibt und euch austauscht. Ich hoffe, dass ihr damit in diesem Tagebuch – oder woanders – weitermacht. Aber ich möchte das Tagebuch nicht mehr während des Unterrichts sehen, haben wir uns verstanden?

Mrs Anderson

OMG, OMG, ES TUT MIR SO LEID!
Ich war so in unsere Unterhaltung vertieft,
dass ich nicht gehört habe, wie sie mich aufgerufen hat. Ich bin vor Scham fast im Boden
versunken, als sie gesagt hat, ich solle ihr das
Buch nach dem Unterricht bringen. Es tut mir
UNENDLICH LEID. Bitte verzeiht mir!

Ist schon gut, Sunny. Es hätte viel schlimmer
kommen können. Ich bin froh, dass es Mrs A
war und nicht Mr M. Glaubt ihr, dass sie darin
gelesen hat? Ich hoffe, sie hat nichts über
Swoosh gelesen. Die Spitznamen, die wir verwenden, sind leider leicht zu durchschauen.
Und mit den ganzen Basketballandeutungen
würde sie ohnehin schnell kapieren, wer
gemeint ist. Wie soll ich ihr im Training nur
gegenübertreten?

Natürlich hat sie darin gelesen! Was blieb ihr anderes übrig? Sie ist unsere Lehrerin! Das ist genau
das, was ich befürchtet habe. Sunny, wie konntest
du so unvorsichtig sein? Ich sagte dir doch, wie
wichtig es ist, dass wir nicht erwischt werden. Ich
glaube, ich bin aus der Nummer raus, das ist mir
alles zu riskant.

Ich weiß, ich weiß, ich bin so eine Idiotin! Es wird nie wieder vorkommen. Bitte geh nicht, MP! Es steht dir vollkommen zu, stinksauer auf mich zu sein, aber ohne dich ist der TampON nicht das- selbe. Falls es dich beruhigt, ich glaube nicht, dass sie viel darin gelesen hat. Sie hat das Tage- buch ja nur eine Pause lang behalten. Ich glaube, sie wollte uns einen kleinen Schreck ein- jagen. ES TUT MIR WAHNSINNIG LEID. BITTE VERZEIH MIR!!!

MP, entspann dich. MRS A findet es völlig in Ordnung. Sie hat uns im PRinzip gesagt, dass wir weitermachen sollen, nur heimlicher. Heimlich sein können wir! Ich bin die KÖNIGIN der Heimlichkeit. Alles ist gut. Außerdem haben wir ja nichts Gemeines über sie geschrieben. Wir mögen sie. Stell dir vor, MR M hätte es in die Finger bekommen. Oder Cheryl Blossom. Das wäre wirklich ein Grund zum Ausflippen gewesen.

Aber genau das meine ich doch! Ich möchte nicht an Tratsch und Gerüchten oder irgendwelchen

Regelverletzungen beteiligt sein. Ich möchte nicht, dass Mrs A oder sonst jemand schlecht von mir oder euch denkt. Sie kennen den Kontext nicht. Außerdem: Was, wenn sie es meinen Eltern erzählt? Oder sie das TampON lesen lässt? Das ist das Schlimmste, was passieren könnte. Sie würden es nie verstehen! Ich möchte wirklich nicht mehr dabei sein. Ihr findet vielleicht, dass ich überreagiere, aber ich weiß genau, was passiert, wenn meine Eltern es herausfinden.

Ich denke, wir sollten uns alle etwas beruhigen. Wenn jemand Grund hat, sich zu schämen, dann bin ich es, denn es ist ziemlich offensichtlich, wer Hoops und Swoosh sind. Aber jetzt lest euch doch mal genau durch, was sie geschrieben hat. Sie findet WUNDERBAR, was wir machen. Ihre Worte, nicht meine. Wenn sie gewollt hätte, dass wir aufhören, hätte sie es gesagt. Ich bin der Ansicht, dass wir einfach eine Weile den Ball flach legen sollten, nur zur Sicherheit. Beruhigt dich das, MP?

Ich weiß nicht. Vielleicht.

PS: Es heißt flach halten, nicht legen. Hühner legen.

Hühner legen
auf allen
Wegen.

Sollen das tote Hühner sein?

Nein, sie legen!

Du meinst, sie liegen! Wenn sie legen, dann Eier!

OMG, NATÜRLICH!
HAHAHAHAHAHAHA

Jetzt geht es aber echt mit euch durch.
Ich kann nicht mehr. Coole Zeichnung,
Sunny!

26. Oktober

Die Stimmung hier ist echt SELTSAM. Was ist los?
Was habe ich verpasst? Ist in Sexualkunde etwas
passiert?

Ich glaube, wir knabbern alle noch an der Frage aus der Box. Sie lautete: „Was tut man, wenn man sich sexuell belästigt fühlt, es aber nicht beweisen kann?" Heftig, was?

😐

Sehr heftig. Glaubt ihr, jemand aus unserer Klasse wurde belästigt? Oder ist es einfach nur eine hypnotische Frage, wie die, ob man schon beim ersten Sex schwanger werden kann? 😟

Ich glaube, du meinst hypothetisch, nicht hypnotisch, Sunny. Das ist eine ziemlich ernste Frage. Was hat Mrs A geantwortet?

Sie sagte, man sollte mit einem Erwachsenen sprechen, dem man vertraut, zum Beispiel einem Elternteil oder einem/einer Sozialarbeiter*in. Sie hat auch eine Liste von Webseiten und Telefonnummern auf die kleine Tafel geschrieben, falls jemand mit einem Therapeuten oder einer Therapeutin reden will. Es steht alles noch dort, direkt unter dem Datum. Sie war ruhig und so, aber man hat gemerkt, dass sie sich Sorgen macht. Sie sagte, wer auch immer diese Frage in die Box geworfen hat, braucht keine Scheu zu haben, sie bei Bedarf anzusprechen. Was meinst du, wer es war?

Schwer zu sagen. Findet ihr nicht auch, dass Swiftie irgendwie aussieht, als wäre ihr schlecht? Selbst Cheryl Blossom war still. Während der Fragezeit grinst sie normalerweise oder sieht ihre Clique an, aber sie hat stur geradeaus geschaut. Es könnte wirklich jede sein.

Mir ist auch ganz schlecht. Ich mag mir nicht vorstellen, dass so etwas jemandem aus unserer Klasse passiert oder irgendjemandem jemals irgendwo! Wie soll ich mich jetzt auf etwas anderes konzentrieren? Wie können wir jetzt einfach zum Französischunterricht gehen, als wäre nichts gewesen? Was würdet ihr machen, wenn ihr in so einer Lage wärt?

Ich würde es vermutlich zuerst meiner Zweitmutter erzählen. Meine lustige Schwester würde daraus eine Protestaktion oder eine große öffentliche Kampagne machen, aber meine Zweitmutter würde den Dingen sofort auf den Grund gehen, ohne viel Getue. Ich beschwere mich oft über sie und sie ist meistens ziemliche nervig, aber sie ist auch richtig taff und hat vor nichts Angst. Sie ist genau der Mensch, den ich während einer Zombie-Apokalypse gern an meiner Seite hätte.

Ich denke, ich würde es meiner Mom erzählen, auch wenn es mir nicht leichtfallen würde. Wir sind ja nur zu zweit und sie hat sowieso schon ein schlechtes Gewissen, weil sie so viel arbeitet. Das macht sie hypersensibel, und sie würde sich vermutlich Vorwürfe machen, dass sie zu wenig für mich da ist. Und dann würde ich mich schlecht fühlen. Sie würde garantiert weinen, sich tagelang an meine Fersen heften und mich nicht mehr aus den Augen lassen. Und auf jeden Fall würde sie es zu ihrer Mission machen, das Leben desjenigen zu zerstören, der mich belästigt hat. Wenn sie will, kann sie jemandem mächtig einheizen.

Ist doch nett, dass sie sich so engagieren würde. Schön zu wissen, dass sie dich liebt und sich so sehr um dich sorgt. Ich bin mir nicht sicher, ob ich es überhaupt jemandem erzählen würde. Es käme wohl darauf an, wie schlimm „ES" ist. Woran erkennt man, dass etwas echte Belästigung ist? Wenn ich mir nicht sicher bin, dann weiß ich nicht, ob ich es jemandem sagen würde. Ihr wisst doch, dass ich unter Druck sofort einknicke. Ich würde kichern, mich dämlich anstellen oder es ganz falsch erzählen.

Und selbst wenn ich die Wahrheit sage, könnte es sein, dass man mir nicht glaubt. Das wäre das Schlimmste. Wenn etwas Entsetzliches passiert und man allen Mut zusammenrafft, nur um dann zu hören, das könnte gar nicht sein oder wenn doch, sei es keine große Sache. Ich käme mir so dumm vor. Vielleicht ist es besser, selbst damit klarzukommen und dann später, wenn man älter ist, eine Therapie zu machen. Therapeuten werden dafür bezahlt, dass sie einem glauben.

Sunny, du weißt hoffentlich, dass ich dir glauben würde. Ich wette, jede in der

Schwesternschaft der Ziegenmaske würde dir glauben. Zumindest solltest du die Hotline anrufen, die Mrs A auf die Tafel geschrieben hat. Das ist völlig anonym, und du würdest mit einem Profi sprechen, der genau weiß, was zu tun oder zu sagen ist. Was mich am traurigsten macht, ist die Tatsache, dass diejenige, die die Frage in die Box geworfen hat, offensichtlich glaubt, niemanden zu haben, dem sie sich anvertrauen kann.

Oder diejenige ist sich nicht sicher, ob das, was passiert ist, schlimm genug war, um es zu melden. Vielleicht halten die Polizei oder die Autoritäten manche Sachen für nicht so schlimm wie andere, wie Sunny meinte. Es sollte eigentlich eine offizielle Liste oder Skala oder so was geben, richtig? Sagen wir, jemand hat dich angetatscht oder versucht, dich zu küssen, obwohl du das nicht wolltest. Klar, dass das nicht so schlimm ist wie eine Vergewaltigung. Aber woher soll man wissen, ob etwas kriminell oder nur unangemessen ist?

Es geht nicht um angemessenes Verhalten oder gutes Benehmen. Selbst wenn es keine Vergewaltigung ist, sollte etwas, das man nicht möchte, auch nicht passieren. Das ist doch gesetzlich geregelt, oder? Ich würde mich jemandem anvertrauen. Vielleicht nicht der Polizei, aber einem Erwachsenen. Zumindest würde ich die Hotline anrufen, wie Twix meinte.

Mr M sieht immer wieder her. Denkt ihr, Mrs A hat ihm vom TampON erzählt? Vielleicht sollte ich das Buch erst mal weglegen. Ich schreibe später mehr.

27. Oktober

Okay. Also, können wir über die heutige Sexualkundestunde reden? Es war die beste bisher! All diese Infos über gegenseitiges Einvernehmen. Ich kann nicht fassen, dass manche Leute denken, es wäre in Ordnung, irgendwelche Annahmen über die Geschlechtsteile anderer Menschen zu treffen. Und wie sagte Mrs A? „Ein Kuss ist keine Eintrittskarte zum Rest deines Körpers." Das fand ich klasse.

DAS FAND ICH AUCH! Ich möchte ein T-Shirt mit diesem Spruch. Oder ein echt cooles Poster für mein Schließfach. Mrs A ist der Hammer! Sie erinnert mich manchmal an meine lustige Schwester, nur in älter. Heute hat sie für das Thema echt gebrannt.

Oh ja, DIE FRAGE VOM LETZTEN MAL hat sie echt bewegt. Wisst ihr, was mich total geflasht hat? „Schweigen ist keine Einwilligung." So habe ich das noch nie gesehen. Der Sinn einer Ja/Nein-Frage ist, dass es nur zwei Antworten gibt. Es ist wie beim WDL. Man muss sich entscheiden. Es gibt nichts dazwischen, außer man versucht, die Regeln zu verbiegen. Und wenn es um Einwilligung geht, kann man die Regeln nicht verbiegen.

Ich kann nicht aufhören, über DIESE FRAGE nachzudenken. Jemand, der genau jetzt in diesem Raum sitzt, hat sie eingeworfen. Jemand, der GENAU JETZT in diesem Raum sitzt, durchlebt etwas richtig Schlimmes. Wünscht man sich da nicht, mehr zu tun?

Was denn? Privat ermitteln? Die Leute reden über solche Sachen eben nicht. Okay, vielleicht ist es blöd, dass ich das jetzt sage, aber was, wenn es gar kein echtes Problem gibt und nur jemand die Klasse aufmischen will? Jemand wie der B.B.W. oder Cheryl Blossom. Den beiden ist das absolut zuzutrauen. Denkt an all die fiesen Sachen, sie sie schon gemacht haben! Cheryl liebt Tratsch - und jetzt reden alle nur über dieses Thema. Es ist die reinste Gerüchteküche hier drin.

Ich weiß, und ich habe etwas mitbekommen, glaube es aber nicht. Nur, damit du Bescheid weißt, Hoops, einige denken, dass du DIESE Frage eingeworfen hast. Ich wäre eine richtig schlechte Freundin, wenn ich nicht nachhaken würde. Also: Ist zwischen dir und Swoosh alles in Ordnung? War es deine Frage?

Was? Wie kommst du denn auf DIE Idee? Das war zu hundert Prozent nicht ich. Behauptet das jemand? Swoosh sieht mich in der Schule kaum an. Wir haben noch nicht einmal Händchen gehalten. Selbst auf dem Ball waren wir

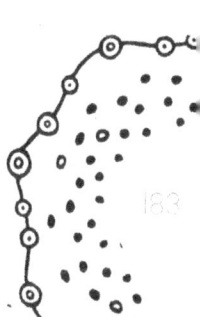

viel braver als Twix und Dimples (sorry, aber
so ist es doch!). Wie kann jemand nur so
etwas denken? Wie kannst du das denken?

Ich habe das Gerücht auch gehört.
Aber ich habe es nicht geglaubt. Ich
vermute, es kommt daher, dass ihr
gerade das einzige Pärchen in unserer
Klasse seid (so weit wir wissen). Also
gehen manche davon aus, dass die Frage
euch betrifft. Außerdem hat Mrs A
gesagt, dass die meisten sexuellen Über-
griffe zwischen Menschen passieren, die
sich nahestehen oder in einer Beziehung
sind. Ich bin echt froh, dass du es nicht
bist, Hoops; auch wenn ich mir das
sowieso gedacht habe.

Tut mir leid, Hoops! Ich habe nie wirklich
geglaubt, dass es um dich und Swoosh geht,
aber ich wollte nachfragen, nur um GANZ
SICHER zu sein. Außerdem dachte ich, dass
du wissen sollst, was getratscht wird. Und
auch wenn es nicht sehr nett von mir ist, ihr
das zu unterstellen, wette ich, dass Cheryl

Blossom dahintersteckt. Auf dem Ball hat sie alles versucht, um dir Swoosh auszuspannen. Seitdem wirft sie dir ständig böse Blicke zu. Und sie hat früher auch schon Gerüchte verbreitet. Wisst ihr noch, wie sie herumerzählt hat, ich wäre süchtig nach meinem Inhalator? Sie hat mich quasi als drogenabhängig bezeichnet!

Keine Sorge, Sunny, niemand hat das damals geglaubt. Man kann nicht nach einem Inhalator süchtig werden. Asthmaspray ist keine Droge. Wenn Cheryl Blossom wirklich dieses Gerücht verbreitet hat, dann ist das das Schlimmste, was sie je gemacht hat. Es könnte Swooshs Leben ruinieren.

Wir müssen diesem Gerücht ein Ende setzen. Es ist Swoosh gegenüber total unfair, und ich möchte ebenfalls nicht damit in Verbindung gebracht werden. Meint ihr, ich sollte es ihm erzählen? Er ist manchmal ziemlich naiv. Viele Sachen gehen völlig an ihm vorbei.

Sag es ihm auf jeden Fall! Bei der Gelegenheit könnt ihr auch gleich darüber sprechen, welche Grenzen ihr in eurer Beziehung setzt, so wie Mrs A es empfiehlt. Und vielleicht weiß er etwas, das wir nicht wissen. Er könnte ein paar wertvolle Insiderinfos von seinen Freunden haben.

Ich würde es an seiner Stelle wissen wollen, ihr nicht auch? Außerdem ist er jetzt dein fester Freund, da muss man über solche Sachen reden. Es zeigt, dass du dir Sorgen um ihn machst und zu ihm hältst. Er muss wissen, dass DU an ihn glaubst.

Äh, nein, Twix, ich werde die peinliche Unterhaltung über ein Gerücht, das sagt, er hätte mich sexuell belästigt, sicher nicht benutzen, um über unsere eigenen Grenzen zu sprechen. Aber ich werde ihm alles erzählen. Er wird sich tierisch aufregen.

28. Oktober

Ich habe mit Swoosh geredet. Es war anfangs ziemlich peinlich, aber je länger wir geredet haben, desto einfacher wurde es, und am Ende war es ein richtig gutes Gespräch. Er war natürlich entsetzt, dass jemand so etwas von ihm denken könnte, aber nachdem ich ihm gesagt habe, dass die meisten es nicht glauben, hat er sich wieder beruhigt. Ich habe ihn gefragt, ob die Jungs irgendetwas mitbekommen haben, aber er sagt, dass sie über solche Themen gar nicht sprechen. Nur er und JJ haben sich privat darüber unterhalten und sie fanden es beide furchtbar. Er hat geschworen, dass er so etwas niemals tun würde.

Aber er hat mir eine überraschende Sache verraten. Twix, er sagte, er hätte gesehen, wie du einen Tag, bevor DIESE Frage gezogen wurde, einen Zettel in die Box geworfen hast. Ich habe es zuerst nicht geglaubt, weil du dich über die Fragenbox lustig gemacht hast und diesen ganzen Schulkram nicht besonders ernst nimmst. Aber dann dachte ich, dass du es uns vielleicht nicht erzählt hast, weil die Frage zu wichtig war. Worauf ich hinauswill: Warst du

es, Twix? Brauchst du Hilfe? Ist mit Fifteen alles in Ordnung? Er ist älter als du. Hat er dich unter Druck gesetzt? Ist etwas passiert, als du Französisch geschwänzt hast? Du hast nicht wirklich viel von eurem Mittagessen erzählt.

Oh, wow, okay. Warum ist Swoosh sich so sicher, dass ich eine Frage eingeworfen habe? Es hätte ja auch sein können, dass ich eine Hausaufgabe abgebe. Die Fragenbox steht nämlich direkt neben der Inbox auf Mr Ms Tisch. Selbst wenn ich etwas eingeworfen habe, versichere ich euch, dass es nicht DIESE FRAGE war. Zwischen mir und Fifteen oder irgendeinem anderen Jungen läuft nichts dergleichen. Nur weil er manchmal schwänzt, heißt es nicht, dass er sexuell übergriffig wird. Und er ist kaum zwei Jahre älter als wir. Ihr tut ja gerade so, als wäre er ein geiler alter Sack.

Und der Grund, warum ich nicht viel über unser Mittagessen erzählt habe, ist ganz einfach der: Es war keine große Sache. Nur wir beide in der Milchbar.

Aber dann wollte Fifteen mir die Rampe zeigen, die er und seine Freunde hinter dem Baumarkt (dem in der Nähe der Milchbar) gebaut haben. (Und bevor ihr behauptet, er wäre ein Gesetzesbrecher: Sein Onkel ist der Manager des Baumarkts und hat ihnen erlaubt, hinter dem Gebäude Skateboard zu fahren!)

Es war zuerst ganz nett, aber als dann Freunde von ihm aufgekreuzt sind, wurde mir langweilig. Es war weder witzig noch romantisch, darum habe ich nichts davon erzählt. Außerdem habt ihr von Anfang an viel zu viel Getue darum gemacht, dass ich geschwänzt habe. Können wir das Thema abhaken? Ich schwöre auf den TampON, dass ich diese Frage nicht eingeworfen habe und dass alles in Ordnung ist. Alles klar?

Okay, das ist ja blöd (Buh, Fifteen!), aber du bist gerade ausgewichen. Hast du eine Frage eingeworfen? Ich dachte, im TampON ging es darum, dass wir unsere wahren Gefühle teilen und über alles reden. Ich erzähle euch hier alles, selbst die echt peinlichen Sachen. Ver-

traust du uns nicht? Wäre es dir wirklich lieber, wenn Mrs A vor der ganzen Klasse deine Frage vorliest, als sie hier in den TampON zu schreiben? Hoops hat recht, es passt nicht zu dir, eine Frage in die Box zu werfen - außer, du hast ein echtes Problem, und falls ja, dann möchten wir helfen! Wir sind die Schwesternschaft der Ziegenmaske, das sagst du doch laufend. Was wäre das für eine Schwesternschaft, wenn wir uns nicht immer die Wahrheit sagen und uns gegenseitig unterstützen, wenn es Probleme gibt? xoxo

Nein, dieses alberne Tagebuch ist dazu da, dass wir im Unterricht etwas Interessantes zu tun haben, weil man uns die Handys verboten hat. Aber ich habe es langsam satt, dass ihr mich ständig für meine Entscheidungen verurteilt. Zum letzten Mal: Ich habe diese Frage nicht eingeworfen, und wenn ich etwas eingeworfen hätte, dann würde es euch nichts angehen, OKAY?

Das ist nicht der einzige Grund, warum wir mit dem TampON angefangen haben, das weißt du, Twix. Wir verurteilen dich nicht, wir verhalten uns wie Freundinnen und machen uns Sorgen um dich. Wenn du MP wegen VP aufziehst oder wenn du mich wegen Swoosh ausfragst, dann ist das okay, aber wenn ich dir eine ernst gemeinte Frage stelle über etwas, das mir wirklich und aufrichtig wichtig ist, dann bist du angepisst? Diese Doppelmoral regt mich auf.

!?!

Nun, es FÜHLT sich so an, als würdet ihr mich verurteilen. Um ehrlich zu sein, ich möchte gar nicht, dass ihr alles über mein Leben wisst. Ihr seid alle solche perfekten Gutmenschen. Ich muss richtig aufpassen, wie ich mich in eurer Gegenwart verhalte. Vielleicht bin ich diesem blöden Tagebuch entwachsen. Vielleicht bin ich euch entwachsen.

Ich hasse es, wenn du so tust, als wäre der TampON kindisch. Es ist nicht nur ein Tagebuch, es ist der TampON und bedeutet mir eine Menge. Es ist der einzige Ort, an dem ich über gewisse Dinge sprechen kann. Tief in mir drin habe ich immer schon befürchtet, dass du mich für unreif hältst, Twix, aber es tut echt weh, es schwarz auf weiß zu lesen. Ich kann nichts dafür, dass ich nicht so cool bin wie du oder dass ich keine älteren Stiefschwestern habe, die mich auf High-School-Partys mitnehmen, oder dass meine Eltern mir Hausarrest geben, wenn ich in Mathe durchfalle. So ist mein Leben nun einmal. Wenn du das nicht akzeptieren kannst, warum sind wir dann überhaupt Freundinnen?

Bitte streitet euch nicht, ich brauche den TampON auch, ich brauche euch alle, besonders jetzt. Ich war es, okay? Ich habe die Frage eingeworfen. Ich wusste, wenn Mrs A sie zieht, dann würden wir hier über das Thema schreiben und dann weiß ich vielleicht eher, was ich tun soll.

Ich wollte euch erzählen, was los ist, aber ich wusste nicht, wie. Vielleicht ist es einfacher für mich, es hier aufzuschreiben. Also: Ich habe die Frage gestellt, weil VP mich belästigt hat. Oder etwas in der Art, ich weiß nicht einmal, ob es das richtige Wort dafür ist. Die meisten würden vermutlich denken, dass ich überreagiere, deswegen habe ich bisher nichts gesagt.

Auf dem Ball hat er mich immer wieder zum Tanzen aufgefordert, und ich habe mich herausgeredet und andere Sachen gemacht, damit ich Nein sagen konnte. Aber nachdem er Sunny dazu gebracht hat, am Getränketisch zu helfen, und ihr alle ganz hibbelig und aufgeregt angerannt kamt, da konnte ich nicht mehr ablehnen, ohne total fies rüberzukommen.

Als wir getanzt haben, habe ich mich die ganze Zeit nach hinten gebeugt und versucht, Abstand zwischen uns zu bringen, aber er kam mir trotzdem viel zu nahe. Ich konnte sogar riechen, dass sein Atem nach Gurkenchips stank. Ich habe mich total gefangen gefühlt. Dann hat er die Hände tiefer gleiten lassen, bis sie nicht mehr auf meiner Hüfte lagen, und dann ... also dann hat er meinen Po gedrückt. Als der Song endlich vorbei war, hat er sich umgedreht und ist einfach gegangen. Ich war total verwirrt. Es ist alles so schnell passiert! Das kann doch kein Versehen gewesen sein, oder? Findet ihr, dass ich überreagiere? Seid ehrlich.

MP! DAS WUSSTE ICH NICHT. Es tut mir WAHNSINNIG leid! Ich dachte, ich hätte dir an dem Abend etwas Gutes getan. Ich fand es so süß, als VP mich gebeten hat, am Getränketisch auszuhelfen, damit du tanzen kannst. Ich dachte, ich wäre an einer großen romantischen Aktion beteiligt. Ich hatte KEINE Ahnung, dass du nicht mit ihm tanzen wolltest. Oder dass ich dich im Grunde in eine Lage gebracht habe, in der du gegen deinen Willen am Po begrapscht wurdest. Das ist SO WAS VON UNCOOL! Ich finde nicht, dass du überreagierst. Du reagierst wie jemand, der ohne Einverständnis begrapscht wurde.

Ganz meine Meinung. Man kann jemandem nicht „versehentlich" in den Po kneifen. Wie soll das denn gehen? Bekommt man einen Krampf in der Hand, die zufällig gerade eine Pobacke zu fassen bekommt? Als ich mit Dimples getanzt habe, hat er einmal seine Hände auf meinen Po gelegt, aber er weiß, dass ich das mag, weil wir darüber gesprochen haben. Wir reden ständig über so Zeug. Und nebenbei: Nur weil ich es an einem Tag mag, heißt das nicht, dass ich es

immer mag. Es ist mein Körper und
ICH BESTIMME JEDES MAL AUFS
NEUE DARÜBER. Genau wie du auch!
VP hatte kein Recht dazu, MP. Es tut
mir leid, dass dir das passiert ist und
dass du meintest, dich damit an die
Fragenbox wenden zu müssen, nicht
an uns.

Außerdem tut es mir leid, falls der Eindruck entstanden ist, dass ich dich für
prüde halte. Du hast gesagt, es würde
dir nichts ausmachen und du hättest
mit dem Wort kein Problem, aber es war
trotzdem nicht cool von mir. Es ist völlig
egal, wie erfahren du bist, wie konserva-
tiv oder sonst was. Wenn jemand deine
Grenzen nicht respektiert, dann ist es
das, was zählt.

PS: Ich liebe euch alle, ihr Ziegenmasken-
göttinnen. Tut mir leid, dass ich vorhin
so eine mies gelaunte, zickige Bitch war.
Bitte verzeiht mir. xoxo

Schon
vergeben   ← Dito   Lieb dich!
                            xoxo

Ja, genau das meine ich. Ein Pograpscher ist wahrscheinlich keine große Sache und ich mache zu viel Aufhebens darum. Ich bin schließlich keine Expertin, wenn es darum geht, was beim Tanzen normal ist. Ich habe mir eingeredet, dass ich einfach prüde bin, aber ich konnte trotzdem nicht aufhören, daran zu denken. Ich kann ihn kaum ansehen. Er macht mich nervös. Was, wenn er versucht, mich allein zu erwischen, und es noch mal tut? Darum habe ich an dem Tag zugestimmt, nicht zur SMV zu gehen. Ich hatte Angst, dass wieder etwas passieren könnte.

PS: Ihr müsst schwören, dass ihr das niemandem erzählt! Ich möchte noch nicht darüber sprechen, weil ich so durcheinander bin. Ich bin nicht einmal sicher, was meiner Ansicht nach passieren soll (außer dass ich nicht mehr am Po begrapscht werden möchte!).

MP, ich wünschte, du hättest es uns sofort erzählt. Du Ärmste hast das eine Woche lang mit dir herumgetragen und kein Wort darüber verloren. Wir hätten dir viel früher helfen können. Nein, man darf niemanden ohne Erlaubnis am Po packen. Das ist kein „neuer Trend", und selbst wenn es einer wäre, reicht es, dass du es nicht möchtest. Du musst zu

Mrs A gehen. Wenn du magst, komme ich mit.
Ich bin total sauer wegen dem, was dir passiert ist.

Und was sage ich dann? Dass er mich beim Tanzen
am Hintern berührt hat? Wenn ich es aufschreibe,
klingt es dämlich. Es ist nicht so schlimm. Es hat
nicht wehgetan (obwohl ich es danach noch lange
spüren konnte). Aber es ist nicht vergleichbar mit
einer Vergewaltigung.

Mal angenommen, ich erzähle es jemandem. Was,
wenn man mir nicht glaubt? Wir wurden zwar beim
Tanzen gesehen – Twix, du hast sogar ein Foto von
uns gemacht -, aber niemand hat irgendetwas mitbekommen. Was, wenn VP einfach behauptet, es
wäre gar nicht passiert? Wie soll ich es beweisen?
Sunny, du hast selbst gesagt, das Schlimmste wäre,
wenn man so etwas erzählt und dann für eine Lüg-
nerin gehalten wird.

Ich verstehe dich, MP. Mir würde es genauso
gehen. Ich meine, was kann ihm wegen eines Po-
grapschers schon passieren? Er wird vielleicht
vorübergehend vom Unterricht suspendiert.
Doch irgendwann kommt er wieder zurück, und

was dann? Du würdest ihn in der SMV wiedersehen und musst dann so tun, als wäre alles in
Ordnung. Ich wünschte, ich wüsste, was ich
sagen soll. Ich möchte dir so gerne helfen.

Es macht mich wahnsinnig. Ich kann mich weder
auf den Unterricht noch auf die SMV konzentrieren, dabei gefällt es mir dort und ich wollte so
gerne mitmachen. An dem Tag, an dem ich dir
Nachhilfe geben sollte, Sunny, ist er mir ins SMV-
Büro gefolgt. Ich hatte solche Angst, dass ich dort
mit ihm allein bin, dass ich abgehauen bin, bevor er
irgendetwas sagen konnte. Ich bin direkt nach
Hause und war so in Panik, dass ich unser Treffen
komplett vergessen habe. Ich habe die ganze Zeit
nur gedacht: Was, wenn er mich wieder anfasst?
Was mache ich dann?

 Oh, das ist ernst. Es vergiftet dein Leben. Wir
müssen etwas unternehmen. Wenn du nicht mit
Mrs A oder einem anderen Erwachsenen reden
möchtest, dann könntest du die anonyme Hotline
anrufen. Vielleicht können sie dir ein paar Rat-
schläge geben.

Oder kannst du vielleicht mit VP sprechen? Ihm sagen, dass du nicht moch-
test, wie er dich angefasst hat? Eine
von uns könnte mitkommen. Auch
wenn es nicht seine Absicht war, dich
in Verlegenheit zu bringen, sollte er
wissen, wie es dir damit geht. Wenn er
ein netter Kerl ist und dachte, dass du
es magst, dann entschuldigt er sich
vielleicht.

Ich kann ihn kaum ansehen, geschweige denn mit ihm
sprechen. Vielleicht ändert sich das noch, aber im
Moment würde ich ihm am liebsten komplett aus
dem Weg gehen. Vielleicht zieht seine Familie von hier
weg? Wie gut stehen die Chancen, dass das passiert?

Mir hat gefallen, was ihr aus Sexualkunde berichtet
habt, als es um gegenseitiges Einvernehmen ging. Da
habe ich mich gleich besser gefühlt. Ich finde toll,
dass Mrs A gesagt hat, dass Schweigen nicht Ja
bedeutet. Ich weiß jetzt, dass ich mich zu Recht
unbehaglich fühle. Ich bin nur noch nicht sicher, was
ich tun soll.

Meine lieben Tamponistas, es hilft mir wirklich, hier
mit euch allen darüber zu schreiben. Ich wünschte,

ich hätte es euch früher erzählt, das hätte mir vermutlich eine Menge Ängste erspart. Und habt ihr mich
heute in Französisch gehört? Ich habe kaum ein Wort
herausgebracht. Mein Stottern war diese Woche
schrecklich. Alles gerät aus den Fugen.

29. Oktober

Warum ist MP die BESTE?
Liste bitte weiterführen

- Schlaueste Schülerin der Klasse.
  Vielleicht der ganzen Schule oder
  sogar der ganzen Stadt?

- Kein bisschen egozentrisch.

- Hat das größte Herz.

- Hat so ein herrlich ansteckendes
  Lachen.

- Hat sich als Klassensprecherin beworben und
  die beste Rede gehalten, obwohl sie es hasst,
   öffentlich zu sprechen.

Sie
hat es - Echt tolle Brüste (bitte nicht böse sein),
gerockt! die niemand ohne ihre ausdrückliche
  Zustimmung anfassen darf.

200

- Sieht in ihren Blazern immer total schick und professionell aus, obwohl sie noch in die Mittelstufe geht.

- Erwachsen und rücksichtsvoll.

- Tolle Haare. ←ABSOLUT!

- Will die Schule und die Welt zu einem besseren Ort machen.

- Weiß, was sie will, und hat keine Angst, dafür zu kämpfen.

- Kann sich Songtexte irre gut merken.

- Wunderschöne Handschrift.

- Macht sich viele Gedanken über Dinge, die andere nicht einmal bemerken.

- Wägt die Gefühle und Meinungen anderer sorgfältig ab.

- Total nett zu ihrer Familie.

- Schließt niemanden irgendwo aus.

- Mutig!! XO

- Mutig!

- Die MUTIGSTE!

30. Oktober

Ihr seid die Besten! Ich werde die Liste abschreiben und sie immer herausholen, wenn ich mich schlecht fühle und eine Aufmunterung brauche. Ich weiß nicht, was ich ohne euch machen würde.

Ja, du solltest sie auf jeden Fall abschreiben! Du könntest den TampON doch für eine Weile behalten. Das ist dann so, als wären wir die ganze Zeit bei dir. Hast du schon überlegt, wie du mit VP weitermachen willst?

Ich weiß, ich wiederhole mich, aber es tut mir SO leid, dass dir das passiert ist, MP. Und es tut mir leid, dass ich dich so oft wegen VP aufgezogen habe. Ich hatte keine Ahnung, was für ein MIESER GRAPSCHER er ist. Meine dauernden Anspielungen müssen dir echt wehgetan haben. Verzeihst du mir?

Außerdem weiß ich, wie viel gerade bei dir los ist, darum verstehe ich, wenn du morgen nicht zur Aufführung kommen willst.

Machst du Witze? Natürlich komme ich. Ich liebe es, dich spielen zu sehen. Ein Nachmittag mit beruhigender klassischer Musik ist genau das, was meine Nerven gerade brauchen. Außerdem möchte ich die Gelegenheit nicht verpassen, den Geigenjungen zu sehen.

Du bist SO LIEB, aber hab keine zu großen Erwartungen.

Meine Eltern haben mich an Halloween zum Süßig-keitenverteilen eingespannt, was mir ganz recht ist. Ich habe dieses Jahr keine Lust, mich zu verkleiden. Ich mag im Moment nicht angeschaut werden, selbst wenn ich verkleidet bin. Außerdem sehe ich gern die ganzen Kinder in ihren Kostümen – die sind so niedlich! Ihr könnt mir gerne Gesellschaft leisten. Wir können uns die besten Süßigkeiten rauspicken, bevor die Kin-der aufkreuzen, und danach einen Film anschauen oder so.

Ich habe mich wegen VP noch nicht entschieden, aber nächste Woche gehe ich zum SMV-Treffen. Keine Feigheit vor dem Feind! Wir werden ja sehen, wie es mir dabei geht.

MP, sag uns einfach, wofür du dich ent-scheidest. Wir sind für dich da, wenn du Rückendeckung brauchst (#Oviduk-teüberalles!). Ich werde auf jeden Fall zur Aufführung kommen, kann aber nicht lange bleiben. Ich gehe mit Fifteen auf eine Halloween-Party, darum brauche ich danach genug Zeit, um mich zu verkleiden. Er geht als irgendein Skateboarder, von dem ich noch nie gehört habe. Um ehrlich zu sein, trägt er vermutlich ähnliche Klamotten wie sonst auch. Ich glaube, Halloween ist nicht so sein Ding.

Ich kann mich nicht entscheiden zwischen historischem Straßenkind (Mamas Freund #3 hat eine irre Sammlung alter Herrenhüte und Tweedjacken, das könnt ihr euch nicht vorstellen) und Wonder Woman (das Kostüm hat meine lustige Schwester mal getragen). Ich bin mir nicht sicher, ob ich genug Oberweite habe, um als Wonder Woman durchzugehen, außerdem ist der Rock kürzer, als mir lieb ist, aber ich denke, dass ich mich etwas trauen muss, da überwiegend

Leute aus der High School dort sein werden. Vielleicht sind sie auch eher so wie Fifteen und nicht an Halloween interessiert. Ich möchte nicht das Nerd-Mädchen sein, das es mit der Verkleidung übertreibt. Sunny, könntest du vielleicht mitkommen? Hoops, ich vermute, du hast an Halloween ein heißes Date mit Swoosh, aber falls du magst, bist du auch eingeladen. Ich fände es schön, meine Mädchen um mich zu haben.

OMG, WENN ICH DOCH NUR KÖNNTE! Ich würde wahnsinnig gern mitkommen, aber meine Eltern schicken mich an Halloween mit meinem Bruder los. Das gehört zur Strafe, weil ich den Mathetest verhauen habe. Er geht als Spiderman. SCHON WIEDER. Ich glaube, es ist das vierte Jahr in Folge. Ich meine, checkt er nicht, dass es bei Halloween darum geht, jedes Jahr in eine andere Rolle zu schlüpfen? Immer wieder dasselbe peinliche Allerweltskostüm – was soll daran Spaß machen?

Ich werde locker für eine Fünftklässlerin gehalten, darum kann ich eine Menge Süßigkeiten

abstauben. Das ist immerhin ein Vorteil, wenn man so flach ist wie ich. Meine Mom hat mir ein altmodisches Harlekin-Kostüm besorgt. Ich glaube, tief im Herzen tut es ihr leid, dass sie mein Sozialleben ruiniert. Das Kostüm ist ganz niedlich. Es ist schwarz-weiß und hat Klasse, es ist weder sexy noch kindisch. Außerdem werde ich mich aufwendig schminken. Ich habe eine coole Anleitung dafür auf YouTube gefunden. Ich mache jede Menge Fotos!

PS: Twix, ich stimme für das historische Straßenkind. Ich wette, damit fällst du auf und siehst UMWERFEND aus. Ein Wonder-Woman-Kostüm ist das Teenager-Äquivalent zu Spider Man. Total gewöhnlich. Und du bist alles andere als gewöhnlich! OMG, wenn wir gemeinsam ausgehen könnten, wären wir so cool in unseren Vintage-Klamotten!

PPS: Hört man an der High School wirklich auf, sich an Halloween zu verkleiden? TRAGISCH!

Swoosh kommt zu mir, aber wir gehen nicht an Türen klingeln. Wir werden uns etwas Gruseliges ansehen. Bevor ihr jetzt ausflippt: Wir werden im Wohnzimmer sitzen, das Licht wird an sein und meine Mutter nur wenige Meter entfernt. Also nicht wirklich romantisch, aber ein echtes Date. Immerhin.

JA! SUPER! Das sind tolle Neuigkeiten. Das ist euer erstes richtiges Date, nicht wahr? Dieses Gruppentreffen bei MP zählt nicht und der Schulball auch nicht. Ihr seid einfach nur zusammen hingelaufen. Aber das jetzt ist ein richtiges, festes Date zu zweit. Und ein Horrorfilm ist ideal dafür. Du kannst an einer gruseligen Stelle so tun, als hättest du Angst, und dich an ihn schmiegen oder seine Hand packen. Was wirst du anziehen?

PS: Danke, Sunny – das historische Straßenkind soll es werden!

Hast du den Teil gelesen über meine Mutter, die vom Nebenraum aus aufpasst? Über Verkleidungen haben wir nicht gesprochen. Denkt ihr, ich sollte mich verkleiden? Ich finde Halloween ehrlich gesagt nicht besonders toll (sorry, Sunny!). Ich habe irgendwo noch einen Haarreif mit Katzenohren herumliegen. Den könnte ich tragen. Oder hast du noch diesen alten Umhang, MP? Ich könnte vielleicht als Zauberin gehen.

 DU KANNST NICHT EINFACH KATZENOHREN AUFSETZEN UND DAS EIN KOSTÜM NENNEN! Zieh etwas Niedliches an. Es ist dein erstes offizielles Date UND Halloween. Ich habe nichts Geeignetes, aber Twix, hat deine Schwester vielleicht etwas? Sie hat ungefähr Hoops' Größe.

Macht euch keine Gedanken. Ich leihe mir etwas von meiner Mom und gehe als Mädchen aus den Neunzigern. Ist keine große Sache. Ich glaube, Swoosh steht auch nicht so auf Halloween.

2. November

Noch 8 Wochen bis Weihnachten.

← VIEL ZU BALD, SUNNY.

Happy Nach-Halloween! Ich habe jede Menge Süßkram dabei. Mag jemand von euch Brausestangen? Ich finde, die schmecken wie zerkrümelte Vitaminpillen, bäh. MP, Hoops hat mir geschrieben, dass VP bei dir aufgekreuzt ist. Wie kann er es wagen! Das grenzt ja an Stalking. Wie hast du reagiert?

Es kam wirklich völlig unerwartet, aber ich würde es nicht direkt Stalking nennen. Er und ein paar Footballer haben geklingelt, um Süßigkeiten zu sammeln. Sie haben Helme getragen, darum konnte ich ihre Gesichter nicht sehen, aber mir war sofort klar, dass diese Truppe für „Süßes oder Saures" zu alt war. Ich habe ihnen gesagt, dass sie weitergehen sollen, weil ich die Süßigkeiten für Kinder aufhebe. Sie haben sich ein bisschen beschwert und sind dann weitergezogen, bis auf einen, der an der Türschwelle stehen geblieben ist. Als die anderen außer Hörweite waren, hat er den Helm abgesetzt – es war VP.

Es könnte sein, dass ich laut aufgekeucht habe, aber ich bin mir nicht sicher. Auf alle Fälle wurde ich blass und meine Hände begannen zu zittern. Doch bevor ich die Tür zuschlagen konnte, hat er mich gebeten zu warten. Genau das hat er gesagt. „Bitte warte." Da er „Bitte" gesagt hat, wurde ich etwas ruhiger. Also habe ich gefragt: „Worauf?" Und dann hat er gefragt, ob ich ihm böse bin.

Ich habe kein Wort herausgebracht, also habe ich einfach mit den Schultern gezuckt. Ich habe so sehr gezittert, dass ich meine Ellenbogen festhalten musste. Er sagte, er hätte von DIESER Frage in Sexualkunde gehört und die ganze Woche darüber nachgedacht. Dann wollte er wissen, ob ich es war, die die Frage eingeworfen hat.

Ich fragte ihn, wieso er das denkt, und dann wurde er rot. Er sagte, weil ich einfach weggegangen wäre, nachdem wir miteinander getanzt hatten, und weil ich seitdem nicht mehr mit ihm gesprochen habe.

„Es kommt mir vor, als würdest du mir aus dem Weg gehen. Ich weiß, dass du das SMV-Treffen geschwänzt hast, weil Danika dich an dem Tag beim Mittagessen gesehen hat. Und dann bist du nach der Schule vor mir davongelaufen. Es ist fast, als hättest du Angst von mir."

Er wirkte so unsicher, dass ich plötzlich keine Angst mehr vor ihm hatte. „Du hast mich echt erschreckt", sagte ich. „Du kannst jemanden doch nicht einfach so betatschen." Er wurde immer nervöser. „Ich wollte dich nicht erschrecken. Ich mag dich wirklich. Es war nicht als Belästigung oder so gemeint." Und ich darauf: „So hat es sich für mich aber angefühlt." Wir haben noch eine Weile miteinander geredet, doch plötzlich wurde es laut, weil zwei Piraten schreiend auf uns zugestürmt kamen.

PS: Hast du Minischokoriegel? Mein Bruder hat die leckeren alle weggefuttert.

Okay, aber sieh es mal von meiner Warte. Ich saß mit Swoosh auf dem Sofa und tat so, als würde ich einen Horrorfilm gucken und nicht bemerken, dass sein Bein gerade meines berührte oder dass meine Mutter nebenan „ein Buch las". Als ich zufällig aufschaute, sah ich durchs Fenster VP, der MP an der Haustür bedrängte. Jedenfalls machte es auf mich diesen Eindruck. Ich bin so schnell aufgesprungen, dass das Popcorn in alle Richtungen flog und meine Mom angerannt kam, um nachzusehen, was passiert war. Ich lief einfach nach draußen und begann zu kreischen! Ich habe keinen Gedanken daran verschwendet, wie ich dabei auf dich oder VP wirke.

PS: Nach unserer Unterhaltung über Verkleidungen hatte ich plötzlich Sorge, Swoosh könnte doch auf Halloween stehen, darum haben meine Mom und ich im Haus genug Teile für ein Piratenkostüm zusammengesucht. Ich trug eine ihrer alten Blusen über einer Strumpfhose und eine rote Schärpe, dazu eine Augenklappe und meine Robin-Hood-Stiefel.

PPS: Swooshs Verkleidung war tausendmal besser. Er war ein Pirat aus irgendeinem Videospiel, von dem ich noch nie gehört habe. Und bevor ihr sagt, wie süß ihr es findet, dass wir beide als Piraten verkleidet waren - das WEISS ICH SCHON! Meine Mom hat es höchstens einhundert Mal erwähnt. Dann hat sie darauf bestanden, jede Menge Fotos von uns zu machen, und schließlich sogar angefangen, wie ein Pirat zu reden. „Ihrrrrrr seid ja so süß." Ich wäre vor Scham fast gestorben. Swoosh hat gelacht und gesagt, dass sie die Fotos auf keinen Fall posten darf.

OMG, ich wünsche, ich wäre dabei gewesen und hätte gesehen, wie du und dein Piratenkönig über den Rasen gestürmt seid! NIMM DAS, DU WURM! Leg dich nicht mit der Basketballgöttin an! Was hat VP gemacht? Das ist übrigens viiiiel aufregender als mein Halloween. Aber mehr dazu später. Ich muss unbedingt wissen, was passiert ist.

PS: Sunny, hast du auch etwas Saures bekommen? Ich vernichte gerne jeglichen Weingummi, sei es in Form von Kirschen, Bären oder Fröschen.

Swoosh war dicht auf Hoops' Fersen. Sie sind beide wie der Blitz aus dem Haus gesaust, Hoops hat geschrien und Swoosh wirkte besorgt. Ich dachte zuerst, es gäbe einen Notfall, vielleicht einen Brand, doch dann rief Hoops: „Was ist los? Was macht er hier?" VP ist zu Tode erschrocken. Er hat sogar seinen Footballhelm schützend vor sich gehalten, als würden Hoops und Swoosh ihn an Ort und Stelle vermöbeln wollen.

„Ich bin gekommen, um mich zu entschuldigen",
stammelte er. „Nur zu!", rief Hoops.
(Übrigens hast du dich dabei TOTAL wie deine Mom
angehört, Hoops, aber auf die gute Art!)

↖ ⎯⎯ NIMM DAS
     ZURÜCK!

Und dann hat er sich wieder zu mir gedreht
und gesagt, dass es ihm leidtut und dass er
hofft, mich nächste Woche wieder in der SMV
zu sehen. Ich sagte, dass ich kommen würde,
und daraufhin wollte er gehen. Aber Hoops
stand ihm im Weg und er musste sich zwischen
ihr und Swoosh durchzwängen. Es war irgendwie genial.

DU MEINST BESTIMMT TOTAL
GENIAL! Hoops, du bist MEINE HELDIN. Und
Swoosh hat mitgemacht. Wie süß ist das denn!
Wie toll, dass ihr beide als Piraten verkleidet
wart – das ist irre romantisch. Ihr seid of-
fenbar füreinander bestimmt. (Das dürfen
wir doch jetzt sagen, oder? Ist es offiziell?)
Ihr seid großartig im Quadrat! Oder verdop-
pelt? Jedenfalls seid ihr großartig hoch
GENIAL!

Ich kann nicht fassen, dass VP einfach so aus dem Nichts an deiner Tür aufgekreuzt ist. Gut, dass er sich entschuldigt hat. Wie geht es dir jetzt damit, MP? Hast du immer noch vor, wegen dem Pograpscher zu einem Lehrer oder zu Mrs A zu gehen?

Nein, denn es hat ihm aufrichtig leidgetan, und ihm war überhaupt nicht klar, wie sehr mich das alles mitgenommen hat. Er wirkte verstört, und zwar noch bevor Hoops als Piratin über den Hof gewetzt kam. Außerdem habe ich es ja schon jemandem erzählt – nämlich euch. Swoosh weiß es jetzt vermutlich auch. Das ist mir ein bisschen unangenehm.

Hoops, ich weiß, du möchtest, dass ich es Mrs A erzähle, aber ich möchte VP nicht in Schwierigkeiten bringen. Ich glaube, er fühlt sich wirklich mies wegen der Sache. Und ich weiß mit Sicherheit, dass ich nicht verrückt bin oder überreagiere, sondern dass er tatsächlich eine Grenze überschritten hat. Ich glaube nicht, dass er so etwas jemals wieder machen wird. Er ist kein schlechter Kerl, es war ihm nur nicht klar, dass er etwas Falsches getan hat. Jetzt weiß er es auf jeden Fall. Das genügt mir.

Es ist deine Entscheidung, MP. Wenn die Sache für dich damit erledigt ist, dann ist sie es für mich auch. Er sah wirklich ziemlich fertig aus, was ich sehr befriedigend fand.

Swoosh weiß übrigens nichts darüber. Ich habe ihm gesagt, dass es sich um eine Mädchenangelegenheit handelt, und er hat keine weiteren Fragen gestellt. Aber falls er es weiß, halte ich ihn für jemanden, der ein Geheimnis bewahren kann.

PS: Genug mit der Piratenliebe. Twix, wie war deine Party?

Natürlich ist nichts so bedeutend wie die Tatsache, dass MP die Bestätigung und die Genugtuung bekommen hat, die sie verdient. Im Ernst, dass er dich von sich aus angesprochen hat, zeigt mir, dass er kein grässlicher Fiesling ist. Ich bin immer noch nicht Team VP, aber ich nehme den „Wurm" zurück. Und du kannst dich echt glücklich schätzen, dass Hoops nebenan wohnt und dir verwegen zu Hilfe eilt.

Ganz ehrlich: Die Party war so lala. Es waren diesmal viel mehr Leute da. Es ging eng und laut zu und die meisten wollten einfach nur herumknutschen. Zu mir waren sie zwar nett, aber sie haben mich weitgehend ignoriert und ständig über irgendwelche Insiderwitze gelacht, die ich natürlich nicht verstanden habe.

Fifteen hat kaum mit mir gesprochen, und als ich sagte, dass es mir hier nicht gefällt, meinte er, ich könne gerne gehen, aber er würde bleiben. Und dann hat er sich mit einem total hübschen Mädchen unterhalten, das wie ein Anime-Charakter angezogen war, den ich nicht kannte. Also bin ich einfach gegangen. Er hat mir seitdem nicht geschrieben. Ich fühle mich ein bisschen niedergeschlagen, aber zum Glück bin ich nicht in ihn verknallt oder so. Zwischen uns KNISTERT es nicht magisch, wie Sunny sagen würde. Es ist nicht so wie bei ANDEREN PAAREN, die sich spontan und ohne Absprache beide für ein Piratenkostüm entscheiden.

Außerdem – nehmt es mir nicht übel – muss ich dauernd an Dimples denken und daran, wie wir miteinander getanzt haben. Er hat mir seitdem ein paarmal geschrieben, und ich glaube, da ist noch etwas zwischen uns. Vielleicht der Beginn eines magischen Knisterns? Ich würde gerne sehen, wohin es sich entwickelt. Wenn MP VP eine zweite Chance geben kann, dann kann ich das bei Dimples doch auch machen.

PS: Sunny, du hattest so recht. Drei der Mädchen kamen als Wonder Woman.

3. November

Sagt mal, wollen wir nicht endlich darüber reden, dass der Geigenjunge Sunny bei der Aufführung BLUMEN geschenkt hat?

OKAY, ICH BRENNE DARAUF, DARÜBER ZU REDEN, aber ich wollte erst sichergehen, dass bei MP alles klar ist. Ich habe euch allen eine Million Bilder geschickt, bitte entschuldigt, aber ich bin so wahnsinnig aufgeregt. Echt, es ist wie ein Traum, nur dass es wahr sein muss, denn auf meiner Kommode steht eine Vase mit einem Blumenstrauß. Also, eigentlich keine Vase, sondern ein altes Gurkenglas, aber ich habe ein paar Streifen mit hübschem Washi Tape draufgeklebt und es sieht richtig schön aus und es stehen BLUMEN. VON EINEM RICHTIGEN JUNGEN DRIN!

WUNDERSCHÖN!

Insta-gramma-ble!

Wie aus dem Blumenladen!

Seit Samstag schwebe ich wie auf Wolken.
Ich konnte es sogar ertragen, mit dem kleinen
Monster und seinen beiden genauso schlimmen
Freunden (JA, DAS TERROR-TRIO) Süßigkeiten zu sammeln. Alles lässt sich ertragen,
wenn man zum ersten Mal Blumen geschenkt
bekommen hat. Ich dachte, meine Mom würde
ausflippen, wenn sie sieht, dass ein Junge mir
ein Geschenk überreicht, aber ich glaube, sogar sie war beeindruckt. Ihm kommt zugute,
dass er quasi ein Wunderkind ist. Als er ging,
sagte sie nur: „Er scheint nett zu sein." SIE
MACHT SICH!

Ich habe ihm am Sonntag geschrieben und mich
bedankt und er hat ein Daumen-hoch-Emoji geschickt. Das ist zwar nicht wirklich romantisch,
aber ich glaube, es ist, wie MP sagt. Er ist
sehr schüchtern und ich werde es langsam angehen lassen. IRRE!

PS: Twix, es tut mir leid wegen Fifteen, aber
er war sowieso zu alt und zu fad für dich.

Wie kann ein heterosexueller Junge, der alle fünf Sinne beisammen hat, mit seinen Freunden Skateboard fahren, während du in deiner ganzen Pracht und Schönheit anwesend bist? Sein Pech! Und ich bin gerade in so einer gelösten Stimmung, dass ich es Dimples nicht mehr nachtrage, wie er dich damals im Kino sitzen gelassen hat, und sage: Viel Glück!

Überall knistert es! Es geht mir jetzt wirklich viel besser und ich freue mich so für dich, Sunny! Ich wusste, dass der Geigenjunge dich mag, er ist nur schüchtern. Nach der Aufführung stand er allein am Wasserspender und hat immer wieder zu uns herübergeschaut. Ich konnte sehen, wie nervös er war, denn die Blumen in seiner Hand haben gezittert. Ich hatte so ein Gefühl, dass sie für dich sind, darum habe ich Twix und Hoops zum Getränketisch gezogen.

MP, du geniale Strategin! Ich wünschte, ich wäre nicht mit dem Rücken zu euch gestanden, aber ich war total abgelenkt von den Schokoriegeln (Äh, WAS ist da drin?! Ist das überhaupt legal?) und den ganzen anderen tollen Snacks, die da aufgebaut waren. Was genau hat er gesagt? Ich möchte es Wort für Wort wissen.

Ich muss zugeben, dass ich mich zuerst gewundert habe, wieso ihr mich plötzlich alle stehen gelassen habt, aber dann sah ich den Geigenjungen auf mich zukommen, und bevor ich überhaupt Zeit hatte, nervös zu werden, stand er schon vor mir und hat mir die Blumen hingehalten. Und so lief es ab:

Geigenjunge: Hi. Ich fand deine Sonatine echt gut.

    Sunny: Danke! Du auch. Ich meine, du warst auch echt gut.

Geigenjunge: Die habe ich für dich mitgebracht. Sie sind aus unserem Garten.

    Sunny: Oh, sie sind wunderschön. Danke. Tut mir leid wegen der Kekse. Ich hatte keine Ahnung.

Geigenjunge: Ist schon in Ordnung. Ich habe ja nur einmal reingebissen. Hast du die Zitronenschnitten gemacht?

    Sunny: Ja, und die Schokoriegel und die Zimtplätzchen. Ich backe unheimlich gern.

Geigenjunge: Mein Dad hatte schon zwei davon. Er sagt, er hat noch nie so gute Zitronenschnitten gegessen.

Sunny: Vielleicht könnte ich ein gluten-freies Rezept ausprobieren. Ich möchte integrativer backen.

Geigenjunge: Cool. Ich meine, falls du Lust darauf hast. Wir sehen uns im Theorie-kurs.

Sunny: Bis dann.

Ich habe inzwischen einige tolle glutenfreie Rezepte ausprobiert. Hoops, hat deine Mom welche, die sie gerne mag? Vielleicht etwas mit Ingwer?

PS: Ich habe die Blumen gegoogelt und he-rausgefunden, dass Chrysanthemen Liebe, Freundschaft und Freude symbolisieren. LIEBE, FREUNDSCHAFT UND FREUDE!!!! Das ist ein Zeichen!

Und vor ein paar Wochen hast du dich noch nicht einmal getraut, ihn anzusprechen! Siehst du, was alles passieren kann, wenn man die Dinge in die Hand nimmt? Meine Mom bäckt nicht besonders oft, aber ich kann sie nach glutenfreien Rezepten fragen.

PS: Hast du wirklich gesagt, du möchtest „integrativer backen"?

OMG, ja! Das ist mir einfach so rausgerutscht. Ich hoffe, es klang nicht zu seltsam. Und es ist ja nicht falsch. Ich möchte wirklich niemanden mit meinem Gebäck umbringen. Besonders so einen tollen Jungen, der mir Blumen der LIEBE, FREUNDSCHAFT UND FREUDE schenkt!!

4. November

Das letzte Mal Sexualkunde! Schade. Ich werde die Fragenbox echt vermissen. Heute wollte jemand wissen, ob man sich beim Küssen mit einer Geschlechtskrankheit anstecken kann. Die meisten Geschlechtskrankheiten werden über Genitalkontakt verbreitet oder durch den Austausch von Körperflüssigkeiten (igitt!). Aber wenn man

jemanden küsst, der Herpesviren hat, kann man
auch Herpes bekommen, darum sollte man möglichst niemanden küssen, der offene Wundstellen
um den Mund herum hat - als ob man darauf
Lust hätte (gruselig!).

Es gibt übrigens zwei Arten von Herpesviren.
Eine Art verursacht Fieberblasen im Mund. Die
andere wird gewöhnlich beim Geschlechtsverkehr
übertragen und verursacht Läsionen im Genital-
bereich.

Hallo, Mrs A. Sind Sie das? Woher weißt du so
viel über Herpes, MP?

Weil ich Fieberblasen bekomme. Natürlich nicht
vom Küssen, aber man kann sich auch auf
andere Art anstecken. Es ist ein weitverbreite-
tes Virus. Als ich das erste Mal eine Fieberblase
hatte, war ich beim Arzt, und der hat mir die
zwei Arten von Herpesviren erklärt. Ich habe das
in einer meiner sogenannten „Freistunden" in der
Bibliothek nachgeschlagen, als ich für Mr M alles
zum Thema Händewaschen recherchiert habe.
Sieht so aus, als wäre die Sexualkundeschülerin

jetzt zur Lehrerin geworden. Wer hätte das gedacht?

Okay, kleine Beichte - das war meine Frage. (Swoosh hatte Recht, ich habe etwas eingeworfen.) Ihr habt bestimmt dieses riesige nässende DING an meiner Oberlippe bemerkt, seid aber zu rücksichtsvoll, um es zu erwähnen. Es ist aufgetaucht, nachdem ich mit Fifteen zusammenkam. Meine lustige Schwester hat etwas von Küssen und Herpes gesagt, und dann bin ich panisch geworden und habe diese Frage eingeworfen.

Wie sich herausstellt, habe ich aber keinen Herpes, sondern die Königin der Zombiepickel. Ich schwöre, es ist, als würde an einer Stelle eine ganze Horde davon wachsen. Jedenfalls war es mir tierisch unangenehm, euch etwas zu sagen - blöd, was? Ich verspreche, dass

226

ich von jetzt an meine tiefsten, dunkels-
ten und ekligsten Gedanken mit euch
teilen werde (sagt nicht, ich hätte euch
nicht gewarnt). 😜

Oh, wie schön, dass du keinen Herpes hast, Twix,
aber was noch wichtiger ist, ich habe supergeheime, lebensverändernde

☆ BREAKING NEWS!
Der große rote Zug ist
in den Bahnhof eingefahren!
ICH WIEDERHOLE:
DER GROSSE ROTE ZUG
IST EINGEFAHREN!

SUNNY, WIE COOL!!!!! Du hast
deine Periode?!?

Oh hurra! Ich wusste, wie sehr du es dir gewünscht
hast, Sunny. Was ist passiert? Geht es dir gut?
Brauchst du eine Binde oder so?

Das war ICH. Ich habe meine Periode bekommen. Also echt jetzt, Sunny, warum machst du alles so kompliziert? Und habe ich dir nicht gesagt, du sollst nicht „der große rote Zug" sagen? Es ist einfach nur die Monatsblutung, kein Grund, dafür einen Codenamen zu verwenden.

Ich war in der Mittagspause auf dem Klo - und da war es. Ohne Vorwarnung. Keine Krämpfe, nichts. Für einen Augenblick dachte ich: Häh, was ist das denn? Der Fleck in meiner Unterhose war nicht so rot, wie ich erwartet hatte. Es sah mehr wie eine braune Bremsspur aus. Brrrr! Aber dann dachte ich, das muss die Periode sein, einzig mögliche Erklärung. Irgendwie enttäuschend.

LOL! Ich weiß GENAU, was du mit der Bremsspur meinst. Das sagt einem niemand. Ich dachte, das Blut würde nur so aus mir heraussprudeln wie ein kaum zu bändigender hellroter Fluss, aber meine Blutung war eher bräunlich und beim ersten Mal noch sehr schwach. Jetzt dauert meine Periode etwas länger und ich blute stärker. Auch die Farbe ändert sich jeden Tag ein bisschen.

Man gewöhnt sich daran. Hurra, Hoops!
Willkommen im Menstruationsclub.

Sag nicht Club! Ich fühle mich sowieso schon
ausgeschlossen. War ja klar, dass ich die
Letzte sein würde, bei der es losgeht. Aber
heute geht es nicht um mich. Heute geht es
um Hoops und wo sie zum Feiern hingehen
möchte.

Ich kann nicht fassen, dass du in der Schule deine
Periode bekommen hast. Davor habe ich mich am
meisten gefürchtet. Ich war sehr erleichtert, dass es
bei mir zu Hause während der Sommerferien losging.
So konnte ich mich in Ruhe um mich kümmern und
hatte meine Privatsphäre. Du hattest Glück, dass
Sunny da war.

Ich weiß. Ich bin dir was schuldig, Sunny.
Ich hatte für alle Fälle eine Binde in meinem
Rucksack, aber der war in meinem Schließfach,
darum ist Sunny hingegangen und hat ihn mir
gebracht, ohne viel Aufhebens. Ich kann es
kaum erwarten, nach Hause zu gehen und meine
Periodenunterwäsche anzuziehen.

Die Binde fühlt sich ein bisschen wie eine Windel an. Aber während ich so auf der Toilette hockte, dachte ich an das, was deine lustige Schwester geschrieben hat, Twix - dass es in Toiletten kostenlose Binden und Tampons geben sollte. Ich hatte kein Kleingeld dabei. Ich nehme nie welches in die Schule mit. Außerdem sollten die Spender direkt in den Kabinen hängen. Ich habe ja keine Lust, blutend zum Automaten zu watscheln, wenn jederzeit jemand reinkommen könnte.

Ich habe genau das Gleiche gedacht, aber vielleicht können wir etwas unternehmen. Ich habe den Artikel deiner lustigen Schwester gelesen, Twix, und sie hat Initiativen und Webseiten erwähnt, die Unterstützung für Menstruationsgerechtigkeit anbieten. Als ich in der Bibliothek war, habe ich mir das angeschaut, und es gibt jede Menge Ideen für Kampagnen und Spendenaktionen. Vielleicht könnten wir hier an der Schule eine Kampagne für Menstruationsprodukte organisieren, genau wie damals die Kampagne für besseres Schulessen. Ich könnte das nächste Woche im SMV-Treffen vorschlagen.

PS: Wusstet ihr, dass in Schottland ein Gesetz verabschiedet wurde, das allen, die sie brauchen, kostenlose Periodenprodukte zusichert?

CIAO, ICH ZIEHE NACH SCHOTTLAND!

Tolle Idee, aber MP, ich weiß, wie ungern du über so intime Dinge redest. Bist du sicher, dass du das machen willst? Vielleicht können wir alle zu dem Treffen mitkommen und dich unterstützen.

WIE cool!

Das ist wirklich vernünftig.

Wir haben hier im TampON so oft über diese Themen gesprochen, dass ich jetzt viel besser damit klarkomme. Es fühlt sich ganz normal an. Ups, dieses Wort wollten wir ja nicht mehr benutzen! Also, nicht normal, sondern alltäglich. Die Periode zu haben, ist für mich etwas völlig Selbstverständliches geworden. Wenn alle mehr darüber sprechen würden, wäre es keine große Sache mehr. Es ist wie auf dem Lieblingsposter von Twix: „Sei die Veränderung, die du in der Welt sehen willst!"

HAHA!

Aber es wäre trotzdem toll, wenn meine Tamponistas dabei wären!

SUPER IDEE! Ich komme zum Treffen und mache Banner und rezitiere die Ode an die Ovidukte, was immer du brauchst, MP! Du bist meine Heldin, die waschechte Menstruatorin, die die Welt verändert, Klokabine für Klokabine. Wir haben so viel zu feiern. Wo wollen wir hingehen? Du darfst aussuchen, Hoops, da es deine erste Periode ist. Eiscafé oder irgendwo anders. Wir können MPs Idee besprechen und gemeinsam überlegen, wie du deiner Mom die Neuigkeit beibringst – sie wird total aus dem Häuschen sein. Wir sollten direkt nach der Schule losziehen. Heute ist doch kein Basketballtraining oder ein SMV-Treffen oder so?

PS: Jetzt MÜSSEN wir die „Schwesternschaft der Ziegenmaske"-T-Shirts drucken lassen. Oder besser „Menstruatorinnen der Ziegenmaske"?

Nein, heute ist zum Glück kein Training. Mir ist nicht nach Herumrennen. Mein Magen fühlt

sich irgendwie schwer an. Vielleicht sind das die ersten Anzeichen von Krämpfen. Es fühlt sich aber nicht wie Krämpfe an. Nicht im Entferntesten wie das, womit du dich herumschlägst, MP. Außerdem mache ich mir Sorgen wegen des Geruchs. Könnt ihr es riechen? Seid ehrlich!

Ich sitze direkt hinter dir, und ich schwöre, dass ich nichts rieche außer dem üblichen grässlichen Klassenzimmermief. Wird dieser Raum jemals geputzt? Bah! Wisst ihr, was gut riecht? MEINE BLUMEN! DIE ICH VOM GEIGENJUNGEN BEKOMMEN HABE! 😊

Ich habe nach dem Unterricht auch frei. Wollen wir in die portugiesische Bäckerei bei mir in der Nähe gehen? Dort gibt es herrliche Blätterteigtörtchen mit Vanillecreme, die sind megalecker. Ich wünschte, ich könnte sie backen, aber dazu muss ich noch viel üben.

Aber wo auch immer du hingehen willst, Hoops – es ist deine Periode, die wir feiern!

Wir könnten auch zum Starbucks an der Ecke gehen. Das ist in der Nähe und es gibt eine große Auswahl. Vielleicht solltest du ein Stück Kirschtorte nehmen – du weißt schon, weil sie rot ist wie Blut.

Twix, bitte stelle keine gedankliche Verbindung zwischen einem köstlichen Dessert und der Farbe meiner Körperflüssigkeiten her. Außerdem würde ein brauner Kuchen dann besser passen, zum Beispiel Bananenbrot mit Schokodrops.

Deine Periode hat die Farbe von Bananenbrot? Das ist ja widerlich. Warum bekommt man dann immer den Eindruck, dass sie hellrot sein müsste?

Sunny, ich sagte dir doch, dass sich die Farbe verändert. Alles verändert sich. Das ist meine Weisheit des Tages. Also, Hoops, würdest du lieber Blätterteigtörtchen essen oder periodenrote Kirschtorte?

Wenn du so fragst - keines von beidem. Und da es meine Periode ist, die wir feiern, muss ich mich nicht an WDL-Regeln halten. Ich möchte Eis, genau wie ursprünglich besprochen.

Ich habe gehofft, dass du Eis willst! Ich bin dabei. Ich kann es kaum erwarten. Bekommen Vampire eigentlich ihre Periode?

Nee, die sind doch komplett blutleer. Was meint ihr, hängen in Hogwarts Tamponspender oder zaubern die sich einfach ihre Periodenprodukte herbei?

Wie steht es mit Wonder Woman? Hat die auch eine Monatsblutung? Oder Eleven aus „Stranger Things"?

Na und ob - darum ist Eleven ja so mächtig. Sie IST die Menstruatorin!

Ich kann immer noch nicht fassen, dass du „Stranger Things" schaust. Mir ist das viel zu

gruselig. Aber da frage ich mich doch glatt, warum in Serien und Filmen nie eine Protagonistin ihre Periode bekommt. Mir fällt jedenfalls kein einziges Beispiel ein.

Mir auch nicht. Okay, lass uns nicht über magische Wesen und deren Menstruationszyklen sprechen (NERDS!). Wie wäre es, wenn wir einen Kuchen mit Aufschrift bestellen? Und dann muss irgendein Typ in der Backstube mit Zuckerguss „Wir feiern deine Periode" schreiben. Wäre das nicht der Hammer?

Periodenkuchen. DER WAHNSINN! Wenn sich jede einen Periodenkuchen backen ließe, dann würden die Leute nicht mehr so davon abgeschreckt sein. Stellt euch nur vor, wie oft so ein Kuchen gekauft werden würde! Es wäre plötzlich das Normalste der Welt. Wie ein Geburtstagskuchen, aber zwölf Mal im Jahr, multipliziert mit der Hälfte der Weltbevölkerung! Ich weiß nicht, wie viele Kuchen das insgesamt wären, aber auf jeden Fall eine Menge. OMG ... vielleicht sollte ich eine Periodenkuchenbäckerei eröffnen.

Ich finde auch, dass die Periode etwas völlig Normales sein sollte. Und Sunnys Idee, eine Periodenkuchenbäckerei zu eröffnen, hat meine volle Unterstützung. Aber ich möchte keinen Kuchen. Ich möchte einen Eisbecher mit heißer Schokolade. Die Idee mit der Kuchenaufschrift heben wir uns für Sunnys Periodenparty auf, okay?

Sag bloß, du möchtest KEINE Eistorte, auf der in roter Schrift „Expecto Menstronus" steht?

Aber ich! Dabei bin ich nicht mal „Harry Potter"-Fan!

Das mache ich auf jeden Fall. Vergesst den Mochaccino! Ich möchte Plätzchen und eine Eistorte, aber als Aufschrift nehme ich das bewährte „OVIDUKTE ÜBER ALLES!", mit Schokoguss geschrieben. BEEILT EUCH, IHR PERIODENHORMONE! Jay! Es ist lange her, dass wir gemeinsam etwas außerhalb der Schule unternommen haben.

Oh, toll. Ich bin so aufgeregt, dass ich am liebsten sofort losmöchte. Keine Sorge, ich weiß, dass keine von euch jemals so etwas Skandalöses tun würde, aber wenn es je einen Grund gegeben

hat, eine Stunde zu schwänzen, dann ist
es der! Periodenkuchen sind erst der
Anfang. Am ersten Tag der Periode sollte
man schulfrei bekommen. Man sollte
sich ausruhen können, respektvoll
behandelt und verwöhnt werden –
schließlich ist der weibliche Körper
etwas Magisches. (#Ovidukteüberalles!)

Ich bin dabei #Ovidukteüberalles!  *GENAU!

Ich auch, aber ohne zu schwänzen.
#Ovidukteüberalles!

Könnt ihr es fassen, dass der TampON schon
beinahe voll ist? Ich dachte, wir würden kurz
ein bisschen Spaß daran haben, aber jetzt
möchte ich nicht mehr aufhören. Neben dem
Eiscafé ist ein Schreibwarenladen, in dem wir
uns nach Hoops' Periodenparty den TampON 2.0
aussuchen können. WIE AUFREGEND!

PS: OVIDUKTE ÜBER ALLES!

WIR, DIE SCHWESTERNSCHAFT DER ZIEGENMASKE,

ERKENNEN DIE MACHT DER WORTE AN UND STREICHEN DARUM DIE FOLGENDEN BELEIDIGENDEN BEGRIFFE AUS UNSEREM VOKABULAR:

- normal

- prüde

- Schlampe

- der große rote Zug

- Tante Rose

WIR SCHWÖREN FEIERLICH, DIE

FOLGENDEN WÖRTER ~~EINMAL PRO WOCHE~~

AUSZUSPRECHEN, WENN

ES ANGEMESSEN IST:

↖ Damit war
ich nicht
einverstanden.

*Ich
auch
nicht!*

Geändert!

- PERIODE

- VULVA

- VAGINA

- MASTURBATION

- HETERONORMATIV

- MENSTRUATORIN

- OVIDUKT

Danksagung

Mein Dank gilt meiner echten Schwesternschaft der Ziegenmaske, also allen Leuten, die an diesem Buch beteiligt waren.

Ein besonderes Dankeschön geht an meine Lektorin Anne Shone, die an das Buch von Anfang an geglaubt hat und mich wissen ließ, wenn ich mich zu altmodisch ausgedrückt habe. Ich habe mir immer vorgestellt, dass das Buch eine Art Tagebuch werden soll. Yvonne Lam hat meinen Traum wahr werden lassen und mit ihrer Gestaltung alle meine Erwartungen übertroffen. Yvonne hat es geschafft, das Leseerlebnis noch besser zu machen und die Personen wie echte Menschen wirken zu lassen. Holly Allerellies Zeichnungen beleben das Buch mit so viel Humor und Ausdruckskraft – und ich habe noch nie so eine niedliche Darstellung der weiblichen Geschlechtsorgane gesehen.

Danke an alle bei Scholastic Canada, besonders Diane Kerner, Sabrina Mirza, Erica Fyvie, Jenn Hubbs, Nikole Kritikos und Gui Fillipone.

Danke an meine Freunde und meine Familie, die mir geduldig zugehört haben, wenn ich mich bei jeder sich bietenden Gelegenheit über Periode und Menstruationsgerechtigkeit ausgelassen habe.

Endlich habe ich über das geschrieben, was mich bewegt. Als ich in der sechsten Klasse war, haben meine Freundinnen und ich gemeinsam ein Tagebuch geschrieben, das als Inspiration für dieses Buch diente. Ich danke Shannon, Gillian, Sarah and Katie für ihre Freundschaft. Und ich bedanke mich bei Mrs Tanner, die uns beim Schreiben erwischt hat. Doch anstatt uns zu bestrafen, hat sie uns ermutigt weiterzumachen. #Ovidukteüberalles!

Vikki VanSickle ist eine preisgekrönte Autorin und ein engagiertes Mitglied der kanadischen Kinderbuchverlagswelt. Sie begann ihre Berufslaufbahn als Buchhändlerin und war danach zwölf Jahre bei Verlagen im Marketing für Kinderbücher tätig.

Vikki hat eine Reihe von Büchern geschrieben, die großen Zuspruch fanden, darunter drei Bilderbücher und die Romane „Words That Start With B", „Summer Days, Starry Nights" und „The Winnowing", das 2018 den Red Maple Award gewann. Sie stellt im kanadischen Fernsehen Kinderbücher vor und unterstützt „Period Purse", einen Verein, der sich für Menstruationsgerechtigkeit engagiert und die Stigmatisierung der weiblichen Monatsblutung beenden will.

Vikki stammt aus Woodstock und lebt mit ihrer Katze in Toronto.

Letzte Seite? Neues Lesefutter:

ISBN 978-3-8458-3934-9

ISBN 978-3-8458-5089-4

ISBN 978-3-8458-5618-6

ISBN 978-3-8458-5248-5

ZUSAMMEN DURCH DICK UND DÜNN

Emma und Lore verbringen jede freie Minute
zusammen. Doch dann zieht Emma von Kiel nach
Rosenheim um, und Lore baut so großen Mist, dass
sie von ihrer Mutter bis Weihnachten striktes
Computer- und Handyverbot bekommt.
Absolute Katastrophe!
Da bleibt den beiden Freundinnen nur noch eines
übrig, um sich auszutauschen: Briefe zu schreiben!
Briefe über Jungs, Liebeszauber, erste Partys und
Patchworkfamilien. Gemeinsam versuchen die
Mädchen, ihr chaotisch-lustiges Teenagerleben
zu sortieren. Dabei ist beiden immer klar:

IHRE FREUNDIN IST ECHT DIE BESTE!

Schon ausgelesen? Hier geht's weiter:

ISBN 978-3-8458-5248-5

Du möchtest noch mehr von uns kennenlernen?

Mädchen lassen sich nicht unterkriegen!

Amy Miller ist das witzigste Mädchen der Schule.
Sie brennt darauf, der Star der diesjährigen Schul-Comedy-
show zu werden. Doch als ihr Mitschüler Harry die Leitung
des Comedyabends übernimmt, halten er und seine Freunde
sie immer wieder davon ab, zu proben, Sketche zu schreiben
oder irgendetwas Lustiges zu tun. Amy versteht nicht, was los
ist, bis ihre große Schwester es ihr erklärt: Harry ist
sexistisch und Amy sollte sich dagegen wehren.

Bewaffnet mit tödlich guten Pointen, zieht Amy in die
Schlacht und kämpft für ihr Recht – und das Recht aller
Mädchen, die Menschen zum Lachen zu bringen.